“最美中国”丛书(第二版)

最美的女性

付倩倩 著

合肥工業大學出版社

图书在版编目(CIP)数据

最美的女性/付倩倩著.—2版.—合肥:合肥工业大学出版社,2017.12

(最美中国丛书)

ISBN 978-7-5650-3780-1

Ⅰ.①最… Ⅱ.①付… Ⅲ.①女性—名人—生平事迹—中国 Ⅳ.①K828.5

中国版本图书馆CIP数据核字(2017)第325314号

最美的女性

付倩倩 著　　　责任编辑 朱移山 张 慧

出 版	合肥工业大学出版社	版 次	2011年12月第1版
地 址	合肥市屯溪路193号		2017年12月第2版
邮 编	230009	印 次	2017年12月第2次印刷
电 话	总编室:0551-62903038	开 本	710毫米×1000毫米 1/16
	市场营销部:0551-62903198	印 张	10　字 数 134千字
网 址	www.hfutpress.com.cn	印 刷	合肥现代印务有限公司
E-mail	hfutpress@163.com	发 行	全国新华书店

ISBN 978-7-5650-3780-1　　定价:30.00元

如果有影响阅读的印装质量问题,请与出版社市场营销部联系调换。

序

赵 焰

一直以为，中国传统文化的精髓，从时间上说，是在明朝之前的。明朝之前，占据社会主流的，是清明理性的孔孟之道。崇尚自然、游离社会的道学，作为主流思想的补充，与儒学一起“相辅相成”、“一阴一阳”，使得社会主流思想具有强大活力。从总体上来说，中国文化的源头，无论是周公、老子、孔子，还是后来的诸子百家，比如说孟子、荀子、庄子、韩非子、墨子等等，都对人生保持清醒、冷静的理性态度，保持孔子学说实践理性的基本精神，即对待人生、社会的积极进取精神；服从理性的清醒态度；重实用轻思辨、重人事轻鬼神的思维模式；善于协调，讲究秩序，在人伦日用中保持满足和平衡的生活习惯……中国文化的源头如此，决定了汉民族的心理结构和精神走向，包括汉民族理想追求、文化风格以及审美倾向。

中国文化在明朝之前，占据社会主流的，是高蹈的士大夫精神。最显著的表现在于：人们遵从天地人伦之间的道德，有高远的理想，讲究人格的修炼，反对人生世俗化，鄙视犬儒的人格特征。从春秋时代起，中国知识分子一直以“修身齐家治国平天下”为人生使命，以追求道德、知识和审美为人生归宿。比如说孔子，从他的言语来看，更像是倡导一种人生价值观，追求人生的美学意义。又比如说庄子，他的学说，不像是哲学，更像是一种生活美学：道是无情却有情，看似说了很多超脱、冷酷的话，实际上透露出对于生命、本真的眷恋和爱护，要求对整体人生采取审美观照态度，不计功利是非，忘乎物我、主客、人己，以达到安详和宁静，让自我与整个宇宙合为一体。这种贯穿着士大夫精神的人生价值观，让人忘怀得失摆脱利害，超越种种庸俗无聊的现实计较和生活束缚，或高举远蹈，或怡然自适，或回归自然，在前进和后退中获得生活的力量和生命的意趣。这就是中国历代士大夫知识分子一以贯之的艺术清洁精神。英国大哲学家罗素曾经说："在艺术上，他们（中国人）追求精美，在生活上，他们追求情理。"这是说到关键了。

中国人的生活哲学就是如此，一方面高旷而幽远，另一方面也连着"地气"，是自发的浪漫主义和自发的经典主义的结合。道家是中国人思想的浪漫派，儒家是思想的经典派。当东汉年间佛教传入之后，这种以出世和解脱为目的的宗教体系遭到了儒学和道教的抵抗，从而消解了印度佛教中很多寡凉的成分。经过"中庸之道"的过滤，其中极端的成分得到了淡化，避免了理论或实践上的过火行为。也因此，一种中国特色的佛教观产生了，佛教在中国更多变身为"生活禅"，变成一种热爱生活创造人生的方式。中国人一方面避免了极端的"出世"之路，另一方面，由于心灵的滋养、美智的开发，使得东汉魏晋，包括后来的南北朝、隋唐、五代十国以及唐宋元产生了很多高妙的艺术，"艺术人生"的观念也随之如植物一样葳蕤生长。可以说，这些朝代，是中国最具审美价值、最开人们心智、也最出艺术珍品的年代。也因此，很多艺术种类都在这个阶段达到了高峰，比如说唐诗、宋词、元曲、书法、绘画、音乐、舞蹈等等，它们洋溢着一种高蹈的精神追求，境界高远，洁净空旷，如清风明月，如古松苍翠。从审美上看，由于存有或明或暗的观照，存有人格与事物的交融，主题得到了提升，感悟与生命同在，境界与天地相齐，一种深远的"禅意"油然而生……从总体境界上来看，这一阶段的各类艺术形式，因为主题和境界的破对立、空物我、泯主客、齐生死、反认知、重感悟、亲自然、寻超脱等等，达到了各自的高峰。它们是最能代表中国文化精髓的。

中国的艺术精神到了明清之后，有低矮化的倾向。明清以后，由于社会形态的变化，专制制度进一步严酷；加上统治者出身和教育的局限，以及愚民政策的目的，整体文化和审美呈低俗化的倾向，社会和人生的自由度越来越窄，艺术的想象空间越来越逼仄，艺术作品的精神高度下降。随着"程朱理学"和科举制度的推行，人们的想象力、创造力被扼制，审美弱化，艺术更趋

"侏儒化"、"弱智化"。大众普罗的喜好抬头，刚正不阿的风骨软化，崇尚自由、自然、提升的审美精神也在丧失。不过尽管如此，在明清时代的中晚期，那种崇尚自然、物我两忘的高贵精神仍时有抬头，一批有着真正艺术精神的独立艺术作品或有出现。尽管如此，士大夫精神已不是艺术美和生活美的主旋律，它只是一种空谷幽兰的生命绝响。

近现代之后，由于社会动荡，战乱连连，再加上西方现代化所导致的实用主义、功利主义的渗入，中国的文学艺术遭到了进一步摧残，传统的艺术精神更进一步沉沦。艺术的政治化倾向、实用主义倾向和世俗主义倾向抬头，这直接导致了真正的艺术精神缺失，艺术的品位下降，高蹈精神向世俗俯首，自然和自由变身为功利和实用，士大夫精神更是变身为犬儒主义。中国近现代上百年的屈辱和战乱，更使得中国自古以来高洁的审美观变得扭曲和肤浅：黄钟大吕变成田野俚语，布衣青衫变成了披红挂绿，古琴琵琶变成了锣鼓鞭炮，洁身自好变成了争相取宠，安详宁静变成喧哗骚动，幽默风趣变成庸俗不堪……如果说是与非、美与丑是人类最基本标准的话，那么，很长一段时间里，这种基本标准都在丧失，很多人已分辨不了是与非，也分辨不了美与丑。"文革"时期八个脸谱化的样板戏在左右着中国人的全部精神生活，这样的现象，又何尝不令人扼腕叹息！

如果说中国当代教育存在着诸多问题的话，那么，以我的理解，当代教育最大的问题，甚至不是传统丢失、精神扭曲以及弱智低能，而是在美育上的缺失。很多年来，人们丧失了一些最基本的判断，不知道什么是美的，什么是丑的；很多人将美当成丑，将丑当成美，从而失去了美的方向性。这一点，只要观察我们周围的人们，就可以得出结论——在我们的周围，到处都是对于生活没有感觉，对于美丑没有鉴别的人。他们所拥有的，只是功利，只是物质，只是金钱，只是对美丑的弱智的鉴别和判断。这些人不仅仅是一些教育低下的人，甚至一些貌似受过良好教育的人也是这样——他们虽然拥有很高的学历，有很好的教育背景，但在美丑的辨别力，以及对于艺术、心灵的觉察力、感悟力和理解力上，同样表现得能力低下、缺乏常识。这样的现象，实际上是我们多年以来的教育缺乏美育，缺乏精神导向的结果。一个人的审美，是与道德和智慧联系在一起的，审美的缺失，实际上也是道德和智慧的缺失。一个对美缺乏判断力的人，很容易在人生中缺乏动力和方向，也很容易被民族主义、法西斯主义、极端主义、工业主义所奴役，成为过度现代化的牺牲品。在很多时候，这种人不可能是一个丰富的生命，只是一架精神匮乏的机器。

现在，这一套由合肥工业大学出版社精心组织的“最美中国丛书”，似乎在某种程度上，弥补了一些“寻根”和美育上的缺失。这一套书的第一辑共十本，它们分别是：《最美的思想》《最美的品格》《最美的女性》《最美的诗歌》《最美的文辞》《最美的书画》《最美的宝藏》《最美的乐舞》《最美的风物》《最美的民俗》，旨在于“重建中国优美形象，重构华夏诗意生活”，通过对古代思想、伦理道德、文学艺术、风景民俗等的重新梳理，重新发现中国特有的美，倾情向世人推介这种美，以期真正的美得到传承。这套书知识精准，图文并茂，力求童趣与大美的融合，悦目和感人的统一。对于正在成长的青少年来说，这一套书，应是一个不错的选择，最起码它可以让人知道，什么是中国的最美，什么是中国真正的美。

上个世纪初，著名教育家蔡元培先生曾经提出过著名的“五育并举”教育方针，“五育”为：军国民教育、实利主义教育、公民道德教育、世界观教育、美感教育。其中，美感教育尤其有特色，蔡先生还以“以美育代宗教”的口号闻名于世。在蔡元培看来，美育是宗教的初级阶段，对于没有宗教传统的中国人来说，美育教育是一种基础，并且相对宗教，美育更安全，更普及，也更为人接受。通过美育，可以培育出道德是非的基础，培育出向上的力量。虽然蔡元培的这一观点引起过一番争论，但对于一个人来说，有美的熏陶，有对于美丑的正确判断，怎么都不能说是一件坏事。并且，美与是非，与善恶，与道德，与人类的心灵，与这个世界的根本，是联系在一起的。以对美的判断和感知为出发点，了解中国历史，了解中国文化，了解中国人曾经的艺术生活，了解一个民族的内心世界；从而进一步了解世界，了解世界的规律，与身边的一切做到和谐相处，都是大有好处的。

也许，这套书的意义就在于此。

目 录

娥皇女英：泪染青竹 …………………………………………（001）
涂山氏：情比磐石 …………………………………………（004）
妇 好：铜钺美人 …………………………………………（007）
周室三母：母仪天下 …………………………………………（010）
楚子发母：深明大义 …………………………………………（013）
孟 母：母爱智慧 …………………………………………（016）
许穆夫人：爱国情深 …………………………………………（019）
楚王樊姬：贤德之范 …………………………………………（021）
虞 姬：忠烈之蝶 …………………………………………（024）
淳于缇萦：孝字为先 …………………………………………（027）
王昭君：大漠幽兰 …………………………………………（030）
班 昭：史学娇娥 …………………………………………（033）
陶 母：品如皓月 …………………………………………（036）
花木兰：忠孝飞鹰 …………………………………………（038）
长孙皇后：盛世明灯 …………………………………………（041）
文成公主：雪域飞雁 …………………………………………（044）
上官婉儿：美玉昭容 …………………………………………（047）
公孙大娘：剑舞精灵 …………………………………………（050）
花蕊夫人：蜀中芙蓉 …………………………………………（053）

梁红玉：战鼓红颜 …………………………………………… (056)
李清照：才情似水 …………………………………………… (059)
管道升：水墨翠竹 …………………………………………… (062)
黄道婆：锦绣巧手 …………………………………………… (065)
三娘子：蒙古明珠 …………………………………………… (068)
秦良玉：红颜封侯 …………………………………………… (071)
庄　妃：辅佐三朝 …………………………………………… (074)
王贞仪：博学多才 …………………………………………… (077)
小白菜：弱柳不折 …………………………………………… (079)
秋　瑾：碧血志士 …………………………………………… (082)
吕碧城：民国奇葩 …………………………………………… (085)
宋庆龄：唯菊与石 …………………………………………… (088)
向警予：红色战士 …………………………………………… (091)
史　良：政界芳草 …………………………………………… (094)
冰　心：玉壶盛爱 …………………………………………… (097)
林巧稚：妙手仁心 …………………………………………… (100)
林徽因：四月归燕 …………………………………………… (103)
赵一曼：红枪白马 …………………………………………… (107)
张家四姐妹：名门闺秀 ……………………………………… (110)
阮玲玉：银屏舞者 …………………………………………… (115)
杨　绛：人淡如菊 …………………………………………… (119)
吴健雄：傲立群雄 …………………………………………… (123)
孙多慈：爱是慈悲 …………………………………………… (126)
郑苹如：染血红梅 …………………………………………… (129)
戴乃迭：英伦玫瑰 …………………………………………… (132)
张爱玲：月华水色 …………………………………………… (135)
严凤英：黄梅名伶 …………………………………………… (138)
夏　梦：千秋绮梦 …………………………………………… (141)
顾圣婴：钢琴天使 …………………………………………… (144)
朱梅馥：芳馥如梅 …………………………………………… (147)
张幼仪：坚韧如松 …………………………………………… (150)

娥皇女英：泪染青竹

在湖南等地生长有一种斑竹，顾名思义，这种竹子的竹竿上分布着不规则的紫褐色斑点。斑竹还有一个美丽的名字叫做湘妃竹，唐朝著名的诗人刘禹锡曾经写过一首《潇湘曲》：“斑竹枝，斑竹枝，泪痕点点寄相思。楚客欲听瑶瑟怨，潇湘深夜月明时。”诗里透露出淡淡的哀愁，为我们揭开了一段古老凄婉的爱情传说。

湘妃竹

上古时候的尧帝有两个聪慧美丽的女儿，姐姐叫娥皇，妹妹叫女英。尧帝想选择一个优秀的接班人，百姓们都说舜德才兼备、为人正直，又极为孝顺，是个不错的人选。尧帝将姐妹俩一起嫁给了舜，想来考察考察他。出身尊贵的娥皇和女英，没有一丝的骄傲怠慢，谦卑细心地照料舜的一家，多次帮丈夫排忧解难，夫妻恩爱，相处融洽。后来尧就把帝位传给了舜，舜封娥皇为后，女英为妃。二女经常劝告舜要勤政爱民，让百姓安居乐业，天下人都称赞她们心地仁慈。

娥皇女英

舜听说湖南的九嶷山一带不太平，百姓日子过得凄苦，就想去体察民情，娥皇女英都愿跟随他一起去，但舜顾及路途遥远、奔波劳苦，就没有告知二女自己带着随从悄悄出发了。娥皇和女英发现后，即刻动身想追赶舜，她们一路上风餐露宿，不敢有丝毫懈怠。一直追到扬子江边，风高浪急阻挡去路，二人就在洞庭湖稍作休憩。突然传来舜帝已经离世并葬于九嶷山的晴天霹雳。还未相见却已成永别，娥皇女英肝肠寸断，遥望着九嶷山的方向，昼夜不停地扶竹而泣，血泪洒在翠竹之上，竟然凝结成斑斑点点的痕迹。从此以后，湘水流域的青竹就有了紫褐色的云纹斑点，微风阵阵之时，竹影婆娑，好似娥皇女英纤弱的身姿，竹叶沙沙，如同二妃在嘤嘤啼哭，斑竹也落得了湘妃竹的美名。

泪和竹就这样结合在了一起，这段凄美的爱情故事让后人始终感念不忘。以至于在后来曹雪芹的《红楼梦》里也出现了它的影子，那个下凡还泪的绛珠仙子林黛玉就取了个“潇湘妃子”的诗号，而她在大观园里选择的居所正是一片翠竹环绕的“潇湘馆”，“斑竹一枝千滴泪”，同样是纤巧婀娜的身姿，同样是情真意切的女子，同样是略带遗憾的爱情。

电视剧《红楼梦》中的林黛玉

南唐后主李煜留给了后世不少绮丽唯美的词作，老实说他做词人远远比做皇帝成功得多，而与他相关的还有两位红颜知己，那就是大小周后。大小周后也是一对姐妹花，姐姐因身染重病早年辞世，后来李煜成为阶下囚，带着小周后过起寄人篱下的日子，为后世留下了许多蘸满故国愁思的佳句，最著名的大概要数那句“问君能有几多愁，恰似一江春水向东流”了。最后，李煜未能逃脱被毒死的厄运，小周后也跟随他的脚步，两人合葬一处。因大周后本名周娥皇，也有人将这一对姐妹并称娥皇女英，可见远古时代那一段泪染青竹的故事和那两位重情重义的后妃在世人心中有怎样特殊的位置。

涂山氏：情比磐石

有一首在KTV中传唱率甚高的歌曲《北京一夜》，朋友聚会的时候常常有人挑战此曲，歌曲中有男女声的变换，还融入了京剧唱腔，颇有些古色古香的味道。听得多了，我开始细细把玩歌词中的意境，其中有两句让我久久难以释怀，“面容安详的老人依旧等着那出征的归人”，“我已等待了千年为何良人不回来”，落脚点在一个“等”字，而“等”字的背后凝结的又是什么呢？

等待是一种静止的状态，站在原点，守着誓言，忍受寂寞，充满期待。很多时候，这个角色的扮演者都是女子。

大禹的故事相信大家都不陌生，新婚四天就离家治水的毅然决然，三过家门而不入的无私奉献被放在聚光灯下熠熠生辉，流传成千古佳话。人们感激着他的治平水患，感叹着他的克己奉公，感念着他的舍小家为大家。然而这赞叹的背后，有一个默默忍受孤独的身影常常被忽略了，那个新婚即是离别的女子，那位茕茕孑立的妻子——涂山氏。

涂山氏

大禹陵

我们不难想象她雨后春笋般疯长的思念，日日等，夜夜盼，痴情如初。别人家夫妻恩爱，尽享天伦的时候，她的丈夫在为天下苍生奔波，斗转星移，春去秋来，“候人兮猗”，何日是归期？当这份忠贞不移的想念渐成一种习惯，涂山氏的身影化作望穿秋水的灵石，站成刘禹锡诗中绵绵无绝期的那份情深义重，“终日望夫夫不归，化为孤石苦相思。望来已是几千载，只似当时初望时”。

古代关于望夫石的传说由来已久，“望夫处，江悠悠。化为石，不回头”。为何是石头呢？这大约寄托了人们对这份坚贞执著的肯定，化石和守约结成了某种意蕴层面的联系。因为石头具有得天独厚的特性，它质地坚硬，不易变化，这种永恒性正是坚贞不移、信守承诺最贴切的象征，石之“坚”与她之“贞”产生异质同构的效果，在人们的幻想中相遇成一则凄美的寓言。

在中国历史上，由于战乱、徭役和谋生等种种原因带来的夫妻分离是较为普遍的社会现象，而这也成为文人墨客常咏不衰的创作题材。从《诗经》到闺思诗，忠贞痴情的女子们在这些离愁别绪的故事里磐石无转移般默默等待着，任你岁月流逝，沧海变桑田，唯有此心不变，此志不渝。

涂山氏可以说是盼夫归的鼻祖了，高高的山冈上，她虔诚眺

望夫石

望，从春暖花开望到草木葱茏，从枯草遍地盼到雪落无痕，望眼欲穿，霜染鬓角，坚贞如初，红颜易老。这份情太浓太重，流淌在历史的血液中，一脉相承，后世有多少倩影继续守着等待的命运，直至千年之后还有《北京一夜》这样一首流行歌曲在描绘着古老的等待图景，那“等”字背后凝结的是坚韧、忠贞和美好的期盼。

妇好：铜钺美人

1976年初夏时节，空气里还弥漫着暮春的芬芳和悠然，一项考古工作正在紧锣密鼓的进行中，多日的劳而无功让考古工作者渐渐有些心灰意冷。最后一次尝试了，工作人员小心翼翼地将探测铲从地下提出，缓缓上升的探杆揪着所有在场者的心。突然，振奋人心的情况出现了，探铲上竟然是满满的红漆皮，没错，下面是一个墓葬！

妇好塑像

这究竟是谁的墓葬？他或她生前经历过什么？伴随着这一铲棺木上的红漆皮，揭开的是一个尘封三千年的神秘人物传奇的一生。

墓葬中共出土了1928件文物，在有铭文的210件青铜器中出现“妇好”二字的多达109件，考古学家立刻联想到甲骨卜辞上关于“妇好”的记载，中国历史上第一位有据可查的女英雄穿过千年的历史尘埃，将我们带回到那个悠远而古老的时代。

苍茫广袤的平原上，正是两军对峙的时刻，烈日当头，空气却仿佛冻结了。远远望去，有一方的将领飒爽英姿地横跨在马背上，手握一把龙纹铜钺，高喊着“冲啊”，随即率先冲向敌阵，一时间杀声震天。最终将领大获全胜，将戴在头上的盔甲拿下的一刹那，我们看到的并非彪形大汉，却是一位目光炯炯、不怒而威的女子，她就是商王武丁的王后妇好。

与我们惯常思维里雍容华贵、养尊处优的王后形象有所不同，妇好是一位骁勇善战的女中豪杰，曾经多次带兵出征。甲骨文上有“登妇好三千，登旅万乎伐羌”的记载，说的就是商朝曾经的一次大规模讨伐战争，妇好带领一万三千人的庞大阵营前往征伐羌国，在当时这几乎是商王朝一半以上的兵力，足以看出商王武丁对她的肯定和器重。当然，英勇的妇好也是不负重托，这一仗大获全胜，羌归顺商朝，可以看做是推动了中华文明历史进程的一次重要决战。

妇好画像

后来，妇好生前使用过的两样象征军事统帅的兵器——龙纹铜钺和虎纹铜钺，作为随葬品与这位披坚执锐的巾帼英雄一起长眠地下，直到千年之后才重见天日。这两样兵器重量都接近十公斤，今天的我们再看到这布满岁月痕迹的古代斧钺，难免唏嘘不已。

由于一些客观的原因，男性和女性在力量上、体质上难免会有差别，但在追求上、理想上是平等的。正像女权主义者西蒙·波伏娃说的那样，“女性不是天生的，而是被造就的”，女性也可以拥有为国杀敌的魄力和勇气。

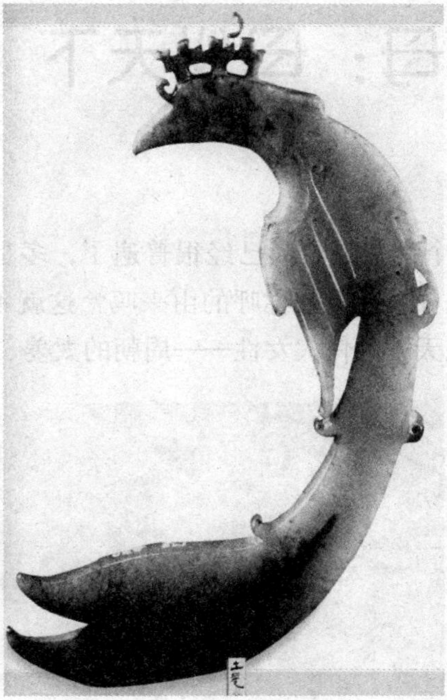

妇好墓出土玉凤

千年之前，妇好以红妆披甲和赫赫战功展示了她“天高任鸟飞，海阔凭鱼跃”的追求和理想。

千年之后，一尊汉白玉的妇好雕塑矗立在中华大地上，仍然在昭显着华夏最早的巾帼英雄无尽的风采。

曾经的金戈铁马、战鼓如雷都已经烟消云散，曾经的红颜摧敌、身先士卒却通过破碎的甲骨和满是尘埃的铜钺穿透历史的幕布，带给我们别样的震撼。

周室三母：母仪天下

“太太”这个称谓在今天已经很普遍了，多是用作对已婚女士的尊称，但是你知道这个称呼的由来吗？这就不得不说到中国历史上三位母仪天下的伟大女性——周朝的太姜、太任和太姒。

太任石刻

太姜是周朝先祖太王的夫人，而太王就是大家熟悉的古公亶父。古公亶父是个宅心仁厚的首领，当时西北的戎、狄少数民族经常来到他的地盘上骚扰生事，搅得百姓不得安生，他看到这一切很不忍心，认为只要能让百姓安居乐业，哪怕是不做他们的首领，哪怕是迁徙奔波，他也愿意。为了避免再出现血流成河的杀戮场景，他悄悄带着自己的亲属搬走了，不曾想原来的百姓知道后都扶老携幼追随古公亶父迁居他地，甚至周边的邻国也慕名归附于他，后来就建立了周朝的雏形。这样一位广积善行、深受爱戴的君王背后站着的，正是太姜这个贤内助，她不仅是丈夫最得力的左膀右臂，而且还养育了三个品德高尚的儿子太伯、仲雍和王季。本来王季排行老小，按顺序是不应该继承王位的，但是太王非常喜欢王季的儿子姬昌，作为哥哥的太伯和仲雍为了让位给弟弟，就跑到了荆蛮之地，成就了一段兄弟礼让的千古佳话，与后世父子兄弟相残的皇位之争形成鲜明对比。想必这一切都离不开母亲太姜的悉心教导。

太任塑像

太任则是太姜的三儿媳妇，就是继承了王位的王季的妻子，她对于端庄贤惠的婆婆太姜非常敬佩，处处以她为榜样，相夫教子，尽心尽力。据说太任还是中国古代胎教的首创者，她怀孕的时候眼睛不看歪曲不正的东西，耳朵不听萎靡无礼的声音，嘴巴不讲傲慢自大的话语，无论是坐着还是站着都端端正正，后来生下了周文王姬昌。史书上记载周文王姬昌非常聪明，太任教他一，他就识得百，触类旁通，大家都称赞他的母亲太任胎教做得好，懂得万物相通的道理。

而关于太姒则有一段浪漫的小故事。太姒是周文王的妻子，是太姜的孙媳妇，尚是待字闺中女的时候就因为深明大义、温柔贤淑而芳名远播。周文王仰慕她的美德，特意去渭水迎娶新娘，由于渭水上没有桥，文王就把船都一个一个排列好连起来造成一座浮桥，终于抱得美人归。周文王的诚心诚意可没有白费，太姒确实是一位贤德之妻，她与文王一个治内一个治外，相处得和睦融洽，人们都尊称她“文母”。太姒一共生了十个儿子，其中就有后来讨伐商纣的周武王和巩固周朝基业的周公旦。

舞剧《文王与太姒》

历史上习惯称周室这三位杰出女性为太姜、太任、太姒，“太”多用于称长辈或地位高的人，可见人们对于三个母仪天下的典范由衷的钦佩和仰慕。有一句俏皮话说：“每一个成功的男人背后都有一个伟大的女人”，周室三母大概为它作了最完美的诠释。

楚子发母：深明大义

父母是我们最亲近的人，大多数时候当我们遇到挫折都可以去他们那里寻找到最贴心的安慰，但似乎他们也会有看起来不近人情的一面，我们这个故事的主角就是这样一个让人有些困惑的母亲。

寒风刺骨，一位满身疲惫的将军望着紧闭的木门，无奈地摇了摇头。刚刚从战场上凯旋的喜悦被这突如其来的拒之门外浇了一盆冷水。这可是艰苦的一战，楚秦两国势均力敌，长达数月的拼杀终换来最后的胜利，死里逃生的惊险和长期在外的奔波让这位楚国将军的双眼布满了血丝，本以为回到家肯定是热饭暖被其乐融融的场景，却不曾想吃了个冰冷的闭门羹。“妈妈，请开开门吧！”将军用沙哑的声音请求着。

镜头还要回放几段，这门口站着的正是楚国将军子发，此次攻打秦国颇为艰难，一度军粮告急，于是子发将军就派了一名士兵向楚王求援，顺便也探望一下自己年迈的母亲。儿行千里母担忧，更何况这一行是去战场打仗呢？子发的母亲见到使者急忙询问：“战士们都还好吧？”使者回答说：“士兵们现在还能分着豆粒吃充充饥。”老妈妈又接着问：“那将军怎么样啊？”来人又说：“这您就放心吧，将军每天都有饭有肉。”

于是就有了这闭门不见的一幕，听着门外子发将军的叩门声，老妈妈语重心长地叹了口气：“你没听说过越王勾践讨伐吴

楚将子发

国的故事吗？那个时候有人进献了一坛美酒，越王勾践却叫人把它倒在长江上游，为的是让下游的士兵也能同饮一番，其实江水中并没有多少酒的美味，但是士兵们作战的勇气增加了五倍；后来又有人送来一袋干粮，越王再次下令赏赐给军士，每个人分到屈指可数的几粒，过了喉咙就没有了，然而士兵们的战斗力却因此增加了十倍。身为将军，士兵们只能分着豆粒充饥，你却每天好饭好肉地吃着，为什么呢？”子发将军听了，跪在门外向母亲谢罪，紧闭多时的家门终于打开了。

儿子凯旋，本该出城相迎的她却连门都不让进，这看起来未免有些不近人情，但是这不近人情的背后却是深明大义，是难能可贵。她在乎儿子安全与否，更在意儿子能不能和众士兵同甘共苦。

这让我想起身边的一位女士，她拒绝把放在办公室抽屉里的小工艺品送给儿子，并表示只能借给他，玩完要归还，面对哇哇大哭的孩子也毫不妥协。事后谈及此事，她说希望儿子懂得不能因为自己是小孩子就可以随心所欲，不能认为父母拿出任何东西都是应该的，更不能在与人相处时夺人所爱，给孩子一个健康的体魄重要，帮他建立一个健全的人格更重要。

所以当你觉得父母不近人情的时候，有没有想过这背后也许积蓄着浓浓的爱。

孟母：母爱智慧

母爱是世界上最奇妙的一种感情。万事讲究一个平衡，比如得与失的平衡，付出与回报的平衡，平衡似乎是维系社会正常运转的一个基础，然而，平衡在母爱面前却显得轻如鸿毛。因为母爱恰恰是不计较得失，不强调回报的。如果在母爱前面加上一个形容词，想必不少答案会是无私、真挚、与生俱来，但也可以是其他，比如充满智慧的母爱。

孟母雕塑

说到母爱的智慧，我首先想到的就是《三字经》里那朗朗上口的一段："昔孟母，择邻处，子不学，断机杼。"寥寥十二个字，包含着两个充满智慧的小故事。

“蓬生麻中，不扶自直；白沙在涅，与之俱黑”讲的是近朱者赤的道理，孟母显然是一个智慧的女性，她懂得环境对于孩子健康成长的重要性。当居住的地方临近墓场时，看着在墓地里学人跪拜哭号的孟子她心急如焚，比邻墓地显然不是适宜的居所；义无反顾地迁居之后，看着在集市上穿梭打闹高声叫卖的孟子她再次皱眉，依市而居也不是明智之举。终于，在看到孟子跟着琅琅书声摇头晃脑的时候，孟母喜上眉梢，靠着学堂居住，为孩子创造浓厚的学习氛围才是最佳的选择。丈夫早逝，孤儿寡母的日子想必是艰难的，搬家也绝非是轻而易举的事情，众多家什、赶马拉车，而且是一而再再而三的举动，可见智慧的孟母拥有着怎样的远见卓识。

孟母断织

为了维持生计，孟母不得不昼夜织布以补贴家用，织进布匹里的除了纺线，恐怕还有她青丝熬出的银发和鬓角洒落的汗水。但是看到贪玩的孟子漫不经心的样子，她却能做到强压愤怒，一剪刀剪断织了一半的布帛，以此为例，言明不思进取荒废学业就会像这剪断的织布一样，毫无用处。孟母的一个举动胜过千言万语，那散落在地上的废织布恐怕会在孟子的心中产生不小的触动，自己的人生若是也落得如此下场将是多么凄凉，聪明的孟母再次显示了智慧的力量。

这两则都是大家耳熟能详的小故事了，相信在孟子的成长过程中，类似的母爱智慧就像随风潜入夜的细雨，滋润着孟子幼小的心田。据说有一次邻居家准备杀猪，磨刀霍霍，架势很大，孟子看来就很好奇，问孟母："这些人在干什么呢?"孟母告诉他："这是邻居在杀猪。""他们杀猪做什么呢?"孟子打破砂锅问到底。孟母笑着随口答道："给你吃啊。"但是话音刚落，孟母就有些后悔了，邻居并不是为孩子杀猪，我这样是欺骗啊，于是孟母特意跑到邻居家买来猪肉给孟子吃。

孟子后来成为名扬天下的大儒，与孟母的悉心教导是分不开的，她用充满智慧的母爱为孟子点亮了一盏成才的灯。

许穆夫人：爱国情深

马蹄声声伴着尘土飞扬，一辆马车由远及近飞奔而来，马鞭震天响，只恨不能顷刻飞度。风卷起帷幔，一位眉头紧蹙的贵族女子端坐其中，她时而凝视前方，时而回望来路。身后的喝止声越来越近，一队人马风驰电掣地赶了上来，终于拦住了女子的去路，为首的将领彬彬有礼上前作揖，恭请车中的女子即刻返回许国。这僵持的一幕发生在战火纷飞的春秋时期，车中的归心似箭的女子正是著名的许穆夫人，而风尘仆仆的阻拦者是许国国君的使者。

许穆夫人

许穆夫人本姓姬，是卫国的女儿，因嫁与许国穆公而得名。当年待字闺中之时也是国色天香的绝美之人，求亲者可谓是踏破门槛，参加终极 PK 的分别是许穆公和齐桓公。当时的她就有敏锐的形势洞察力和极高的政治远见，她认为齐桓公已经称霸诸侯，齐国兵强马壮，实力雄厚，最重要的是距离卫国较近，一旦卫国遭遇外敌入侵可以迅速获得有力援助，而许国国小兵弱，自身难保，怎能期许它在危难关头助卫国一臂之力呢。然而她自求嫁齐的远见卓识未能得到卫侯肯定，后来证明这几乎造成了卫国的灭顶之灾。

公元660年，北方狄族入侵卫国，此时的卫国在玩物丧志的卫懿公治理下国力一泻千里。卫懿公最大的特点就是喜欢鹤喜欢到不行，甚至给他的鹤加官晋爵，并以饲养鹤为名向百姓征收苛捐杂税，以致民间怨声载道。终于在外敌压境的紧要关头，士兵溃逃了，卫国一败涂地，卫懿公也战败而亡。卫国难民渡过黄河，逃到南岸的漕邑，残喘度日。

远在许国的许穆夫人听闻几近国破家亡的噩耗，肝肠寸断，她向自己的夫君许穆公求援，但许穆公面露难色支支吾吾的表现让她心如死灰，于是她驾起马车，决心以一己之力力挽狂澜，这才出现了开篇的一幕。许穆夫人看着道貌岸然的许国大夫，想着卫国故土上哀鸿遍野的景象，不禁悲愤交加，她大声斥责这些阻挠者："即使你们都不赞同，我也不能回车返许！让我毫不隐瞒地告诉你们吧，我的心思是不能远离祖国的！即使你们都不赞同，我也不能回车渡河！我要明确无疑地告诉你们，我对祖国的思念是不能阻止的！"这慷慨激昂的话语后来收录入《诗经·鄘风·载驰》，为后世传颂，许穆夫人也由此被《左传》记载，成为第一位被古代经典史书所记载的女诗人。

终于，许穆夫人冲破重重险阻，踏上了久违的卫国土地，还来不及感怀，她又匆匆投入到救亡图存的活动中。面对着断壁残垣，她果断采取"控于大邦"的方针，此时元气大伤的卫国向大国求援是唯一的出路。正是她这种心系国土的故国之情和果断勇敢的巾帼豪气鼓舞了卫国人民，也感动了诸侯大国，齐国向卫国伸出了援助之手，送来了牛羊鸡狗和木材粮食，并在楚丘帮卫国筑造了都城，最终换来了卫国的重生。

也许在许穆夫人的内心深处，怎样的锦衣玉食都敌不过故土的一泓清泉，怎样的尊贵地位都比不过一声卫女的呼唤。

楚王樊姬：贤德之范

烽烟四起的春秋时代，有五位从诸侯中脱颖而出的霸主，楚庄王就是其中之一，楚国在他的励精图治下兵强马壮，在那段战火纷飞的历史岁月中占据一席之地。楚国的史书上有这样一句话——“庄王之霸，樊姬之力也”，将楚庄王的千秋霸业与一位名叫樊姬的女子联系在一起，这不能不说是极高的评价。

樊　姬

“后宫佳丽三千人，三千宠爱在一身”恐怕是所有“一朝选在君王侧”的女人最憧憬的美梦，甚至是不少人算尽机关，不惜钩心斗角也要争来的最高殊荣。但樊姬似乎是个例外，她的谦让，以及谦让背后的深思远虑让身为一国之君的楚庄王动容，更让身为宰相的虞丘子汗颜。

有一天，楚庄王上朝处理政事，居然连吃饭的点儿都误了，樊姬在殿外迎接下朝归来的楚王，笑吟吟地问："大王怎么连饭都忘记吃了，难道不觉得饥肠辘辘吗?"

楚王回答说："和贤能的人交流，哪里会觉得饿呢？我刚刚听贤臣虞丘子讲话，完全把吃饭的事抛到九霄云外去了。"

樊姬听了掩口而笑，说："虞丘子大概算个贤臣，但未必是忠臣。"

楚王大惑不解："爱妃何出此言呢?"

樊姬接着说："妾身侍候大王已经十一年了，不断派人寻找才貌双全的郑姬卫女进献给大王，现在比我贤良的有两人，和我并列的有七人，难道我不想独享大王您的宠爱吗？但不能因一己之私蒙蔽了大王您的眼睛，想让您多见识有才能的贤淑女子。如今虞丘子在楚国做宰相也有十几年了，所举荐的几乎都是沾亲带故之人，没听说他推荐什么贤能的人，也没见他斥退什么不合格者，这岂不是蒙蔽了大王的眼睛，堵塞了贤者的道路？压根看不到贤能之人，是不智；明知有贤者却不推荐，是不忠。"

楚庄王听了之后非常高兴，将樊姬的话转述给虞丘子，虞丘子如坐针毡，羞愧难当。不久，他推荐了历史上著名的贤能之人孙叔敖，楚王在孙叔敖的辅佐下兴修水利、发展经济，最终成就了霸业。唐朝的周昙在《春秋战国门樊姬》中的那句"当时不有樊姬问，令尹何由进叔敖"说到的正是这一段千古佳话。

传说，樊姬曾经还做过一件传为美谈的事，为了劝诫沉迷于狩猎的楚庄王不要玩物丧志以至于荒废了朝政，她拒绝吃荤，白居易诗作里说樊姬"三载断鲜肥"，终于她的良苦用心感化了楚王，楚王从此勤于国事。

不得不说，樊姬是个非凡的女子，她将寻常妃子锱铢必较的君王之爱看得云淡风轻，将所谓的口腹之欲放在最低下的位置，随时可以牺牲。她的豁达明理为自己赢得了贤德之范的声誉，而她的远见卓识更是成全了一位春秋霸主。樊姬的贤能成了后世的楷模，汉成帝的妃子班婕妤一度极受宠爱，为了和她形影不离，汉成帝特意命人制作了一辆大的辇车，但班婕妤拒绝与皇帝同坐，她表示，圣明的君王应该是名臣在侧，历史上宠溺妃子的君王往往落得国破家亡的下场。太后得知此事非常高兴，感慨道："古有樊姬，今有班婕妤！"可见樊姬之贤影响有多么深远！

虞姬：忠烈之蝶

旧时传说有一种植物叫做虞美人草，这种草只要一听到“虞美人曲”就会枝叶颤动，仿佛舞蹈一般，还说这种草是西楚霸王项羽的爱妾虞姬用鲜血滋养的，它闻曲起舞，其实是因为沾染了虞姬的灵气，想要再现当年她婀娜的舞姿。清朝有位诗人以虞姬的口吻作了一首诗与之相应：“君王意气尽江东，贱妾何堪入汉宫。碧血化为江边草，花开更比杜鹃红。”传说毕竟是传说，总是不自觉地蒙上了一层神秘的色彩，听来有点匪夷所思，然而很多时候，人们愿意带着某种良好的祝愿去相信那些玄幻的故事。

红杜鹃

司马迁的《史记》中，虞姬是一个很特别的存在，她的出场不足二十字，而且是即将走向生命终点的前奏。在那个残月如钩的垓下之夜，项王深陷弹尽粮绝的困境，刘邦的汉军将他重重围住，四面楚歌飘荡在空旷的月夜，项王已走到人生最悲壮的一幕，曾经的金戈铁马、挥斥方遒转眼间灰飞烟灭，他侧卧榻旁，举杯浇愁，虞姬就是在这样的时刻作为一位常伴项王的美人出现的。项王满腹壮志未酬化作悲苦离歌：“力拔山兮气盖世，时不利兮骓不逝。骓不逝兮可奈何，虞兮虞兮奈若何！”虞姬听到这让人心碎的叹息，也不禁悲从中来，并随之和诗。《楚汉春秋》里记载虞姬当时所和之诗是“汉兵已略地，四方楚歌声；大王意气尽，贱妾何聊生”，由此推测，虞姬大概是在衣袂飘飘和剑影翻飞间自刎于项羽面前，碧血洒落，凄美绝伦。

这就是虞姬，她翩若惊鸿的出场却也是昙花一现的散场，史书中的只言片语似乎很难拼凑出一个完整的形象，她的生命就在垓下残月夜绚烂地绽放并迅速枯萎了。但也恰恰是这不多的笔墨碎片为读者提供了更广阔的想象空间，后人感念于她美丽的凋谢，将对她的所有想象幻化成一出“霸王别姬”的千古绝唱。

电影《鸿门宴》中的霸王和虞姬

清朝诗人何浦曾经写了一首《虞美人》：“遗恨江东应未消，芳魂零乱任飘摇；八千子弟同归汉，不负军恩是楚腰。”可见，文人墨客颇为赞赏的是虞姬这种忠贞和刚强，八千子弟归顺敌方，反倒是这纤细的美舞姬感念旧情，视死如归。这不禁让我想到历史上另一位多情的绝色女子——绿珠，绿珠是西晋富豪石崇的爱妾，当石崇被人追杀身陷险境之时，绿珠轻启朱唇："愿效死于君前"，随即从玉楼上一跃而下，似八月飘落的桂花，空留一个绝美的剪影。且不论这以死作结的方式究竟是对是错，这份心怀感恩的情谊确实令人动容，以感恩的心面对生活，则少了许多不满和计较，一切变得豁然开朗起来。

当然，虞姬留给后人的还有一种震撼心灵的悲剧美。鲁迅曾经说，悲剧就是把美好的东西毁灭给人看，这般舞姿曼妙、情深义重的女子，横剑一刎，所有的美艳都凝于剑锋，怎能不让人扼腕怜惜？

淳于缇萦：孝字为先

某日在一位女士的博客中看到一篇小文，题为《母亲节的礼物》，写的是发生在被儿子遗忘的母亲节里的一段温暖对话。儿子为忘记了节日而感到内疚，妈妈却表示没关系，回答个问题也行。问题是："如果有来生，你愿意我做你的什么人？"儿子的回答是："假如有来世，我要你做我的女儿，让我做你的父亲，好好地爱你、疼你。"尽管只是个虚拟，妈妈却早已满脸是泪。孝心是送给父母最好的礼物。

影视作品中的缇萦

中华文化作为目前地球上唯一延续五千年的存在，有许多美好的东西在牵引着它，连接着它，一脉相承，比如我们前文提到的孝心。

历史上最著名的孝女要数西汉时期的少女淳于缇萦了，当父亲淳于意被人陷害祸从天降的时刻，她毅然决然与父同行。从家到长安的路上风餐露宿，她不曾退缩，为父亲遮阳驱虫，连押解的士兵都为之动容。终于到达长安，父亲面临的却是残酷的肉刑，或割鼻或砍脚或刺字。缇萦心如刀绞，于是小小年纪的她萌发了给汉文帝写信的想法，她顾不上什么人轻言微，也顾不上什么程序规则，心里只有一个念头，那就是救父亲。在这封信里，缇萦言辞恳切地说，自己的父亲淳于意为官的时候，当地的百姓都说他是清正廉洁的好官，现在他要被处以肉刑，实在是让人难过，一个人如果被砍了脚、割了鼻子，就成了残废，以后也没有改过自新的机会了，缇萦自愿被官府没收为奴婢，替父亲赎罪。这封信最终得以呈献给汉文帝，淳于缇萦感天动地的孝心让文帝大为赞赏，于是赦免了淳于意的肉刑，而缇萦的这次上书还带来了汉朝刑罚制度的改革，汉文帝下诏用鞭笞代替肉刑。

缇萦（剧照）

推动中国古代刑罚从野蛮走向相对宽松自然是后话了，缇萦的做法出自最朴素的感情，那就是孝心。因为孝心，她不辞鞍马劳顿一路跟随；因为孝心，她不惧困难重重毅然上书；也是因为孝心，她不惜屈身为奴拯救父亲。每一步对于年仅十几岁的少女而言都是不易的，但以孝心的名义，她都做到了。

缇萦的故事之所以传颂千年，因为其中有一种永不过时的精髓。在今天，自然不会出现类似缇萦这样的需要我们以人身自由换取家人平安的悲壮故事，但孝心的表达应该是无障碍的，也许就是每个寻常日子出门前展现给父母的一个浅浅的微笑，每个特殊节日发送给家人的一条平淡无奇的短信。是不是人长大了就会变得不善于表达，很多时候面对父母的我们却吝啬于一句温暖的问候。记得之前看过一则报道，有一个小学开展了一次给父母洗脚的活动，把这当成一份特殊的家庭作业，想必这份充满爱心的作业温暖了不少家庭的夜晚。

王昭君：大漠幽兰

漫漫黄沙路上，浩浩胡风挟着陌生的草原气息萦绕左右。正是苍茫大漠的黄昏时分，一支特殊的队伍正在行进。队伍中一位绝色佳人怀抱琵琶，跨坐马上。古道西风，朔漠孤烟，如血残阳，今日一去何日是归期？

王昭君

昭君出塞的故事留给世人的是一段汉匈和睦的佳话、一曲舍身为国的悲歌、一帧决绝勇敢的剪影，以及一段两千年来长盛不衰的诗词歌赋创作素材。

昭君的美貌大约是无可非议的，作为历史上极负盛名的四大美人之一，她正是“闭月羞花、沉鱼落雁”中的那个“落雁”。传说当年昭君“一去紫台连朔漠”，想到此番离开故土也许永生不得相见，内心难免凄凄切切，百般离愁化作琴弦绕指，琵琶声声，泣血悲歌洒满来路。秋日碧空中，翱翔的大雁也被这离愁别绪感染，甚至忘记了扇动翅膀，循着琵琶声齐落平沙，成就了昭君“落雁”之名。

我们寻觅青史芳踪，关于王昭君的故事，《后汉书·南匈奴传》中有一段较为翔实的描述，大意是王昭君在汉元帝时入选进宫，后宫佳丽无数，昭君难见圣面，后来呼韩邪单于来朝求和亲，昭君主动求行，临走前拜别元帝，顾盼生姿，光彩照人，倾国之貌让元帝后悔不已，却也无可奈何。

花容月貌虽让人赏心悦目，却不足以让她名垂青史，令世人难以忘怀的恐怕是她“主动请缨”的勇气和维系和睦的贡献。后世不少文人墨客对于昭君的“娥眉一笑为江山”颇为认可，毫不吝惜笔墨地大加赞赏，在她的墓碑上还留有“一身归朔漠，数代靖兵戎，若以功名论，几与卫霍同”的极高评价。

时至今日，我们再来看昭君当年的举动仍实属不易，身居繁华帝都，虽不敢说锦衣玉食，总归是四季分明的气候、无忧无虑的生活。北胡之地，在当时的汉人看来是蛮夷部族聚居的地方，那里寒风刺骨、冰霜凛凛，那里茹毛饮血、肉酪难餐，而且作为和亲使者，此一去便是一生难返中原的命运。即便如此，王昭君还是主动求行。千年已逝，她当时的所思所想我们无处探寻，但她的义无反顾里饱含着令人动容的勇气。

史书上记载，呼韩邪单于封给了王昭君“宁胡阏氏”的称号，意为娶了汉家女做王妻，安宁就有了保障。而事实上，这位美丽善良的女子也确实为胡地带去了和平和宁静的福音，她的这一绝尘而去，仿佛空谷幽兰绽放在塞外边陲，汉匈之间50年的烽烟止息，再无干戈之役。

影视作品中的王昭君

历史上著名的四大美人，都有着倾国倾城的绝色美貌，却也有着不少功过是非的评说。西施的沉鱼之美背后是越王的复仇大计，用美色迷惑吴王，给吴国的败落埋下了隐患。貂蝉的闭月之美被当做离间的利器，使得董卓和吕布反目成仇，最终借吕布之手杀死了董卓。杨玉环的羞花之美遮蔽了唐明皇的双眼，骄奢淫逸的生活换得香消玉殒的结局。唯有王昭君是争议最少的一位，人们感念于她的民族大义，没有阴谋，没有仇恨，落雁之貌换来的是国泰民安。

班昭：史学娇娥

东汉年间，一场盛大而庄重的葬礼正在进行着，国家的最高统治者——临朝听政的邓太后亲自为逝者“素服举丧”，并派遣使者监护丧事。享有这崇高礼遇的不是皇亲国戚，亦非沙场英雄，而是一位被后人称为“儒林女圣”博学多才的女子。

中国古代的传统观念里，女子大多数时候被排除在正规教育之外，然而东汉的这位才女，自幼便在书香门第受熏陶，甚至凭借着渊博的学识和杰出的成就青史流芳，成为中国第一位女历史学家和女教师。她，就是出身名门的班昭。

历史剧《班昭》剧照

班氏家族在汉朝历史上无疑声名显赫，班昭的父亲班彪是著名的儒学大师，长兄班固曾任兰台令史，是一位史学家，二哥班超“投笔从戎”出使西域，被封为定远侯。

班彪一直想编写一部可以媲美“史家之绝唱，无韵之离骚”的史学著作，以弥补司马迁《史记》之后的空白时段，然而“壮志未酬身先死”。作为长子的班固继承了父亲的衣钵，“欲就其业”，却被卷入了一场政治斗争，最终死于狱中。汉和帝命博学多才的班昭在东观藏书阁续修哥哥未完成的遗作——《汉书》。史学家的工作是极清苦的，枯燥、繁琐又需要耐得住寂寞，班昭强忍着失去亲人的痛苦，继续他们未竟的事业，从此在皇家藏书阁中常伴青灯，孜孜不倦。她首先花费了大量的时间和精力将哥哥的遗稿进行了一番整理，纠正了一些错误，并按照时间先后将文稿进行了排序，接着对他未完成的《八表》部分进行补充，最终完成了中国第一部断代史著作《汉书》。《汉书》一共有十二纪、八表、十志、七十列传，可以说是规模宏大，成为后世研究西汉历史的权威资料。这部著作并非出自一人之手，却能在语言风格上保持一致，让人看不出修补的痕迹，作为整部作品的统稿人和后续编写者，班昭可谓是功不可没。

班昭（剧照）

这部承载着班氏家族理想、倾注了两代人心血的重量级作品，由于运用了很多典故和古字，很多人看不太懂，作为著作编写者的班昭就毫无疑问地成为了解读《汉书》的权威。因此，朝廷特意选拔了多位天资聪慧的高才郎，拜于班昭门下，听从她的教诲和解读，这不能不说是男尊女卑的封建社会里极为罕见的场景。班昭继成为中国第一位女性历史学家之后，又成为了我国首位女教师，而且不仅仅是担任宫廷里皇后贵人公主等女眷经史礼仪的导师，拜在她门下向她俯首受教的众多男弟子中还包括汉代著名的经学家、后来门生千余的马融。

班昭的名字就这样永远和《汉书》连在了一起，这本倾注了她无数心血的著作得以永传后世，而她本人也成为二十四史的编写者中唯一的女性。有的人做事情喜欢东一榔头西一棒，像小雨点落在沙滩上一样，顶多会在沙地上留下许许多多浅浅的小坑，而有的人执著于一点深挖不懈，经得住喧嚣的诱惑和寂寞的侵袭，终有滴水穿石的那一天。班昭就是晶莹剔透的水滴，经年累月，穿透历史的石壁，成为当之无愧的史学娇娥。

陶母：品如皓月

中国历史上跟鱼有关的传说故事可不少，比如姜太公垂钓溪边，最终钓来了周文王这条大鱼，再比如《秋水》中记载的庄子和惠子关于鱼是不是快乐的论辩。我们今天的主人公陶母也有个和鱼有关的故事。

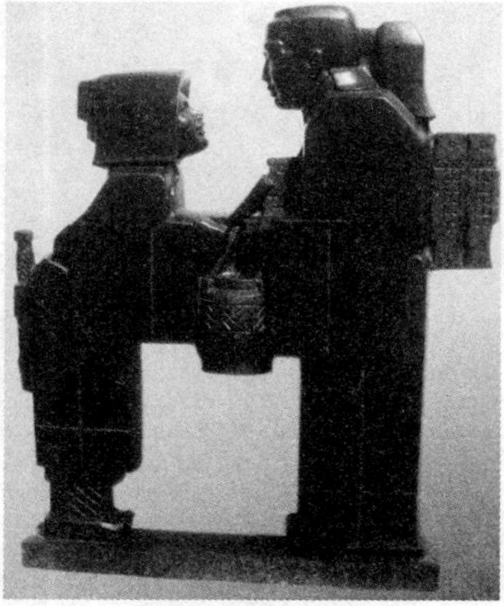

陶母封鲊

陶母是东晋大司马陶侃的母亲，陶侃年轻时，曾经担任过渔梁吏，也就是监管渔业的小官。由于父亲去世得早，陶侃是母亲一个人含辛茹苦养大的，现在他终于谋得了小职位，就想向母亲表表孝心，可是送什么好呢？新打上来的鱼倒是新鲜，但经不起路上耽搁，怕是送不到家就腐烂变质了。于是陶侃就用一个坛子把鱼腌起来做成了鱼干，并派人给母亲送去。儿子出外做官，还派人给自己送来了东西，做母亲的自是欣慰不已，然而当陶母打开坛子，发现竟然是一坛干鱼，不由得皱起了眉头。她立刻将坛子重新密封起来，并即时修书一封，请来者一并带回给陶侃。陶侃远远看见使者又把坛子原封不动地带回来，甚是奇怪，待他拆开母亲的来信才恍然大悟。陶母在信中说："你作为一个官吏，把公家的东西送给我，不但没有什么好处，反而徒增我的忧虑。"

俗话说，千里之堤，毁于蚁穴，也许就是一个小小的不经意的举动，久而久之就成为无穷后患的源头。陶母深刻地认识到这一点，并及时给陶侃敲响了警钟：现在只是个小小的渔梁吏，就借职务之便把干鱼送回家，那以后如果做更大的官是不是就一发不可收拾了呢？管了国库财政岂不是要把国家的银子往家里拿！于是，就有了陶母封坛退鱼这看似小题大做的一幕，这位品质高洁的母亲就是要用这种决绝的方式给儿子提个醒，可谓是用心良苦。

孤儿寡母，日子的清苦艰难程度可想而知，据说有一次，陶侃的好朋友范逵路过他家，由于天气恶劣，道路被冰雪覆盖了，加上天黑也不易辨识，就来到陶侃家借宿。可是家徒四壁的情境下，拿什么来招待客人呢？陶母笑吟吟地招呼范逵进屋，吩咐陶侃好好与朋友聊聊，她自己转身去准备食宿了。家中是一两银子也寻不着了，陶母进到内室散下长发，一剪刀裁下青丝，卖与他人，并用这些钱去换了酒菜。回来后看到范逵的马经过一整天的奔跑也显得饥饿疲惫，她又回到房里，把垫在床上的草席子拿出来切碎喂马。后来，范逵得知了这一切，深为感动，感叹说："没有这样的母亲就不会有这样的儿子！"敬佩之情溢于言表。

陶侃一生牢记着母亲的教导，始终清白做人，克己奉公，终于成为国家位高权重的栋梁之才，而陶母的品格就像是挂在天角的那一轮皎洁的明月，发出淡淡的光芒，月光似水，一直滋润着陶侃的心田，有母如此，子岂不贤？

花木兰：忠孝飞鹰

花木兰几乎是一个家喻户晓的人物，但也是一个非常特殊的人物，她的特殊之处在于，几乎没有客观翔实的史料可以证明她的真实存在，这个知名度颇高的女英雄最鲜活的例证是一首《木兰辞》。

这首朗朗上口的北方乐府民歌，为木兰替父从军的故事提供了最基础的范本。吱吱呀呀的纺车声和着一位年轻姑娘微微的叹息，昨夜“可汗大点兵”，漠北的柔然族大军又来进犯了，年迈的老父亲正在点兵之列，这可如何是好？突然，眉头紧锁的姑娘有了主意，着戎装，跨骏马，女娇娥摇身一变男儿郎，从此踏上替父从军的旅程。转眼十余载，战功赫赫的木兰姑娘不要任何封赏，只愿早早回到故乡见爹娘。换回女儿装的她，娇媚动人，昔日的战友们都不敢相信自己的眼睛，同行12年，竟然不知那个战场上意气风发、奋勇当先的木兰是女郎。

影视作品中的花木兰

著名表演艺术家常香玉的经典豫剧唱段《谁说女子不如男》

中，那一句“有许多女英雄，也把功劳建，为国杀敌是代代出英贤”，飒爽英姿的舞台动作和掷地有声的唱腔还原的是一个豪气冲天的巾帼英雄。

迪士尼动画作品中的花木兰

迪士尼的动画电影《木兰》中，可以看到的是一个从小菜鸟成长起来的倔强不屈的女战士，她不甘落后地刻苦训练，甚至一夜不眠，反复攀爬那段高高的树桩，终于成为第一个取下最高处箭头的士兵，映着朝霞的脸上写满刚毅。影片甚至为花样年华的木兰姑娘构思了一段军营恋情，毕竟英雄也是妩媚女儿身，也有着寻常女子的小情思，当寒夜阑珊之时，我们坚强不服输的木兰除了思念家乡，是不是也有点孤寂呢？军中这么多热血男儿，会不会也有木兰的意中人呢？

曾经以“小燕子”的形象闻名大江南北的赵薇也试图演绎一个有些悲壮的花木兰。在电影《花木兰》里，漫天的黄沙夹杂着血腥的气息，木兰所在的北魏军队和久居蒙古大漠的柔然族展开激战。与乐府民歌里那个“当窗理云鬓，对镜贴花黄”的娇媚女子不同，这里的花木兰有着干裂的嘴唇、蓬乱的头发、粗糙的皮肤，战争的残酷磨灭了她女儿妆的细腻柔美，为了国家的利益，

电影《花木兰》剧照

木兰将军可以金戈铁马血战到弹尽粮绝的最后时刻。

正是因为没有切实可靠的证据，围绕花木兰的各种文艺创作也有了极为广阔的拓展空间，呈现出异彩纷呈的景象，但似乎都没有远离木兰最触动人心的两条品质——对父亲的孝心和对国家的忠心，造就了这个活在民歌、戏剧、电影、动漫中的忠孝飞鹰，历经千年，历久弥新。没有必要去追问她究竟是否在悠悠历史中真真切切地存在过，她带给我们足够多的感动、足够多的感叹、足够多的感想，这就是最美的女子。

长孙皇后：盛世明灯

公元626年，六月初四，秦王府内数百甲士集结，山雨欲来风满楼的肃杀之气飘荡在长安城的上空。秦王李世民与太子李建成的皇位之争即将上演，将士们身披铠甲，手握利器，目标决战玄武门。这时，一个披戎装、携战刀的婀娜身姿出现在众人的视线中，她亲自慰勉每一位将士，为他们加油打气，士兵们没有不感动的，一个个热血沸腾。她就是当时的秦王妃，后来的长孙皇后。

电视剧《贞观长歌》中的李世民与长孙皇后

李世民开辟的盛世王朝里，长孙皇后无疑是一抹温暖的红颜，她以自身独特的宽容、克制、无私和明理，成就了一个千古留名的帝王，也成就了自己。

唐太宗李世民非常宠爱长乐公主，而长乐公主正是长孙皇后的亲生女儿。俗话说男大当婚女大当嫁，皇帝和皇后的女儿也不例外，但是唐太宗视长乐公主为掌上明珠，因此决定在公主的嫁妆上“做做手脚”，加大手笔。众人对于长乐公主的嫁资创历史新高一事，大多数睁一只眼闭一只眼，毕竟是皇帝的家事，而且天下父母心，也都能理解嘛，理解万岁。然而，一个不和谐的音符跳了出来，历史上鼎鼎有名的魏征可不买账，他认为长乐公主的嫁妆已经超过了她的姑姑永嘉长公主，这可说不过去。于是他一如既往地蹦出来引经据典，滔滔不绝。唐太宗心里大不悦，回到后宫摔桌子砸板凳。但是长孙皇后却做出了出人意料的举动，她削减了长乐公主的嫁妆，没有做一丝一毫的追加，还派人给魏征送去了奖赏。

作为一个母亲，长孙皇后不徇私情，这一点无疑是难能可贵的。曾经长子李承乾的乳母奏请增加东宫的器用，她也是断然拒绝说：“作为太子，应当忧虑的是德行够不够高，美名能不能流传于世，怎么能天天想着好东西够不够用呢?”

后来，又有一次，唐太宗骂骂咧咧地回到后宫，这回骂的还是那个不知死活，总是毫不留情面指责皇帝过失的魏征。唐太宗恨得牙痒痒，气鼓鼓地说：“这个乡巴佬，给点阳光就灿烂了，总有一天我要杀了这个土老帽。”长孙皇后听后，不动声色地回到内室，换了一身出席盛典才用的服装，光彩照人地出现在皇帝面前，唐太宗惊愕不已，下巴都快掉下来了。长孙皇后笑吟吟地对他说：“我特意换了盛装来向皇上贺喜，人们都说‘主明臣直’，今天魏征敢于直言不讳，正说明陛下您是圣明的君主，有了明君，有了忠臣，这正是我们大唐社稷之福啊!”

不得不说劝谏的智慧长孙皇后拿捏得非常到位，她以一种非常巧妙的方法弥合了君臣之间的间隙，这也可以看做是说话的艺术。一样的意思，不一样的表达，产生的效果可能是迥然不同的。

贞观九年，长孙皇后病重，对于自己的后事，她诚恳地叮嘱太宗说："我活着的时候没有给别人带来什么好处，死后不要劳民伤财地厚葬，只要依山为坟，用些瓦木做陪葬品就可以了，简简单单的，这样我九泉之下也了无遗憾。"

长孙皇后（剧照）

第二年六月，年仅 36 岁的长孙皇后走到了生命的尽头。她在世时，总是恪守礼制，对于"一人得道鸡犬升天"的危险情景保持着高度的警惕。她的哥哥长孙无忌是太宗的布衣之交，位列佐命元勋，太宗有意升之为宰相，长孙皇后得知后屡次对太宗说："我们长孙家有我一人大富大贵已是极高殊荣，我不愿意娘家人再在朝廷上出风头，以免重蹈历史上外戚专权的覆辙。"她还曾私下依据古代妇人的善言善事编成了《女则》，并告诉宫人，不必让太宗知道。当她死后，太宗见了这本书，更加感到悲痛不已。他对近臣们说："皇后编的这本书，足可以成为后世的典范。我并非不知人有命定的天数，却沉溺于无益的悲伤不能释怀，而皇后总是能劝谏我的不足，如今我再也不能听到她劝告的声音了，失去了贤内助，感到无尽的悲伤啊！"

长孙皇后是李氏王朝里一盏明灯，发出温暖人心的光芒。

文成公主：雪域飞雁

提起西藏的标志性建筑，相信很多人都会脱口而出——布达拉宫。湛蓝的天空下，雪白的墙壁历经岁月的沉淀，依然傲然耸立在红山之上。相传这座圣洁雄伟的宫殿是吐蕃王朝的缔造者松赞干布特意为迎娶大唐的文成公主建造的，可以说是爱之城，这听起来无疑带有几分浪漫的色彩。究竟是怎样的女子，让不可一世的统治者感念一生呢？

布达拉宫

在“文成公主”的封号下，李雪雁这个略带秀气的闺名就显得有些低调了，事实上这只大唐的飞雁却勇敢翱翔在雪域高原上，带来了文明的火种。

唐太宗贞观十五年，一只浩浩荡荡的送亲队伍从繁华的都城长安出发，向着陌生寒冷的荒原，一路西行。出嫁之路到底有多远，队伍的主角文成公主不知道，她只能想象着未来的人生要面对一个怎样桀骜不驯的民族。吐蕃首领松赞干布在扎陵湖口等待着迎接他美丽的汉族新娘，而从长安到扎陵湖，文成公主走过了隆冬和暮春，这条汉藏和亲之路是如此绵长。终于踏上了雪域高原的土地，放眼望去，却也是一派牛羊遍野的欣欣向荣之景，然而，很快文成公主就意识到了汉藏的差距，没有历法，没有文字，没有技术，这块神秘的高地其实拖着斑驳落后的影子。

京剧藏戏《文成公主》

端庄秀丽的文成公主带着丰厚的嫁妆来了，除了金银珠宝、绫罗绸缎，还有稼穑纺织、饲畜养殖、制陶冶金的技术，像一股新鲜的、充满活力的血液注入古老的高原血脉，让吐蕃王朝焕发出勃勃生机。当时藏族并没有自己的文字，还处在结绳木刻记事的原始状态，文成公主主张创造藏文，并推行中原地区的夏历制纪年法，结束了藏人无文字的混沌历史。而她所带来的蔬菜种子、各种书籍和先进的种植饲养技术，也彻底改变了西藏原本靠天收的生产状况。

回到最初，在那个君命不可违的封建王朝，一道圣旨改变了这位汉家女子的一生，册封公主，远嫁异族，或许文成公主在奉旨成婚的那一刻也有着寻常女儿家那种对繁华中原的眷恋，对他乡异族的恐惧，对未知命运的忐忑。难能可贵的是她终其一生对西域大地倾注的心血，特别是在夫君松赞干布壮年早逝之后，她怀着刻骨铭心的伤痛，继续在这片先夫挚爱的土地上生活了30

影视作品中的文成公主

年，传递着文明的信息。

今天，青藏高原东南部一条大峡谷里仍然矗立着文成公主庙，周围的悬崖石壁上刻满了数不清的经文。山上松柏如画，山下小河如诗。端庄美丽的文成公主神态安然地坐在狮子莲花台上，1300 多年来，这里的香火缭绕从未间断，酥油灯昼夜长明，前来朝拜的人也是络绎不绝。这位大唐公主将文明的种子融入冰川雪山，化作清冷的甘泉流淌过高原的每一道沟壑，滋润了世世代代高原人民的心田，藏族人民也给了她视若神明的最崇高礼遇，时至今日，延绵不绝。

文成公主塑像

上官婉儿：美玉昭容

早春的阳光里，还夹杂着料峭的寒意，一场皇家诗歌会正在上演。富丽堂皇的帐殿前，众多文学雅士欢聚一堂，琼浆玉液伴着纸墨飘香，颇为引人注目的是，那结着五彩丝带的高楼之上，端坐着一位美艳高华的评判官。她怡然高坐，目不转睛地看着众多饱学名士递上来的诗作，时而奋笔疾书，时而眉头微蹙。她，就是才华绝代的初唐文学家上官婉儿。

这一幕发生在景龙年间正月，唐中宗游宴昆明池，良辰美景中不由诗兴大发，随即作诗一首，并命群臣各和一首，选出佳作为新翻御制曲，令奖以金爵。作为诗作优劣评判者的正是中宗的昭容——上官婉儿。她端坐高台之上，不多时，诗作如雪片般缓缓从上官婉儿手中飘落，群臣纷纷上前在纸落如飞间寻找自己的作品。唯有沈佺期和宋之问二人的作品久久不见踪迹，又过了一会儿，一纸飘落，众人上前争着想看个究竟，发现原来是沈佺期的作品。上官昭容评判说："这两首诗难分伯仲，但沈诗的落句'微臣雕朽质，羞睹豫章材'词气已竭，略显消沉，而宋诗的两句'不愁明月尽，自有夜珠来'柳暗花明，充满朝气。"沈佺期听罢"不敢复争"。

是怎样的女子，能让皇帝点名判诗，又能对难决高下的诗作一语中的，还能让心高气傲的臣僚儒士心悦诚服？

其实，这只是显赫一时的上官婉儿一生中并不难寻的精彩片

上官婉儿画像

段，“两朝专美，一日万机”的她从 14 岁就凭借处变不惊的泰然和文不加点的才华从宫女中脱颖而出。武则天召见她时，这位年纪轻轻的小宫娥全然没有诚惶诚恐和不知所措，面对高高在上的女皇，她提笔在手，飞龙走凤。机会总是给有准备的人，上官婉儿以才思敏捷、文采灿烂为自己争得龙门一跃，免除了奴婢的身份，为武则天执掌诰命，起草文件，参与政事，批阅一般的奏章。如此位高权重，在中国历史上灿若晨星的众多女子中实为凤毛麟角。

上官婉儿就像一块美玉，尚在襁褓却经历家族剧变，祖父上官仪卷入政治漩涡被诛杀，本应锦衣玉食的小姐生活，未曾开始就戛然而止，和母亲一起被贬入宫做奴婢。层层磨难将这块温润的美玉包裹着，也打磨着。美艳绝伦的容貌和辞藻华丽的文笔成为美玉最耀眼的光芒，将她推上封建王朝政治舞台中无可替代的重要位置，可以说武则天指点江山的背后，有着上官婉儿不容抹

电视剧《上官婉儿》

杀的功绩。

当然，这位美玉昭容最终还是未能幸免地碎在了李氏王朝的明争暗斗的夹缝间。利欲熏心的韦后毒死了唐中宗，幻想着和她的婆婆武则天一样过一把女皇帝的瘾，这本来没有上官婉儿什么事，但是当时还是临淄王的李隆基起兵讨伐韦后之时，却不分青红皂白一剑斩杀了掌灯迎他入宫的上官婉儿。不久，亲手打碎这块美玉的李隆基，也就是后来的唐玄宗下令整理汇集上官婉儿的诗文，编成《唐昭容上官氏文集》，也算是对这位才貌双全女子的一点慰藉吧。时隔千年，我们再提起这位传奇女子时，仍然不免赞叹于她的才华横溢。

公孙大娘：剑舞精灵

记得有一年的春晚上，最令人难忘的节目不是小品相声，而是名为《千手观音》的舞蹈，这几乎创造了一个出人意料的新纪录，第二天大街小巷都在讨论着这段震撼人心的表演。现代科技的发展，使得很多美好的东西得以完整地保存下来，比如照相机和摄像机，能够以极小的误差记录人和物，这可以说是现代人的幸运。说到舞蹈，中国人的舞蹈历史可谓是源远流长，几千年的文明长河中以舞蹈知名的人物亦是不少，比如擅长掌中舞的赵飞燕、霓裳羽衣舞的杨玉环等，可惜当时没有这么先进的技术，她们的美妙舞姿也只能活在史书上只言片语的记载中。然而，众多的美舞姬中也有例外，比如开元年间的第一舞人——公孙大娘。

公孙大娘

虽然没有摄像技术将这位享誉盛名的舞姬美妙绝伦的舞蹈记录下来，但是有“诗圣”之美名的杜甫却用一首《剑器行》将公孙大娘当年的矫若游龙展现得淋漓尽致。“昔有佳人公孙氏，一舞剑器动四方。观者如山色沮丧，天地为之久低昂。霍如羿射九日落，矫如群帝骖龙翔。来如雷霆收震怒，罢如江海凝清光。”

据说这首诗的写作背景是杜甫在某年某月观看了另一位剑舞美姬李十二娘的表演，一个恍惚仿佛回到了童稚年华，第一次目睹公孙氏洒脱舞剑、浏漓顿挫的瞬间，上前询问才知这李十二娘正是公孙氏的弟子，百感交集，汇于笔端。我们从这字里行间，不难想象当年公孙大娘的动人舞姿。

章子怡《十面埋伏》剧照

唐代舞蹈风格多样，有“软舞”和“健舞”之分，软舞顾名思义节奏舒缓，轻柔绵软，而健舞则节奏明快，干净利落，公孙大娘擅长的正是这种矫捷刚劲的健舞。晚唐诗人司空图曾评价公孙娘子“楼下公孙昔擅场，空教女子爱军装”，可见锦衣玉貌的她一曲剑舞将女子的柔美和战场的豪情结合得天衣无缝。面如皎月的公孙大娘，身着戎装，英姿飒爽，在舞台上剑光闪闪，一个飞旋，一个翻越，仿佛后羿射日、乘龙飞翔，一时间风靡朝野，连帝王都赞不绝口，正如杜甫诗中所写：“先帝侍女八千人，公孙剑器初第一。”

相传公孙大娘的剑舞除了名动一时外，还成就了另一座艺术高峰，那就是张旭的草书。有“草圣”美誉的书法家张旭早年练字勤勉刻苦，但似乎总是差点火候，不能百尺竿头更进一步。偶有一次，他见到公孙大娘表演西河剑器舞蹈，伴着隆隆鼓声，进

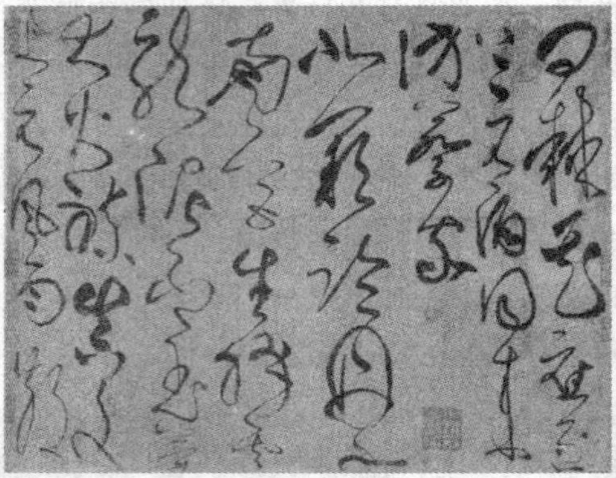

张旭书法

退回旋，刚柔相济，静如湖面，动若雷电，惊心动魄，扣人心弦。一时间张旭感觉茅塞顿开，豁然开朗，回去后挣脱羁绊，笔走龙蛇，终成绝世一家。

一位享有盛誉的剑舞精灵，开启了“草圣”的书法之门，又换得“诗圣”的锦绣文章，也可谓是此生不虚了吧！

花蕊夫人：蜀中芙蓉

四川出美女的说法似乎由来已久，时至今日，人们提起川妹子，脑海中浮现的也总是“美目盼兮，巧笑倩兮”的动人画面。四川古称蜀地，气候湿润，山清水秀，大约是一方水土养一方人，蜀地女子亦是灵秀璧人。

蜀地出过的女子中有一位名为花蕊夫人，是五代十国时期后蜀主孟昶的妃子。“花不足以拟其色，蕊差堪状其容”，从她的名字中，我们不难想象她的美丽。苏轼曾经根据一位见过花蕊夫人的老尼斑驳的回忆，写出“冰肌玉骨，自清凉无汗，水殿风来暗香满”之锦绣诗句。

古装话剧《花蕊夫人》

若只是回眸一笑百媚生的容貌，花蕊夫人也许不会有如此名气，后宫佳丽，谁没有几分动人姿色呢？她的盛名成就于和美貌相伴的诗词才华。作为后蜀主最为宠爱的慧妃娘娘，花蕊夫人曾经在富庶的独立王国中过着无忧无虑的快乐生活，她早期的诗词作品中也不乏描画宫中闲暇趣景的清雅别致之作。比如“三月樱桃乍熟时，内人相引看红枝。回头索取黄金弹，绕树藏身打雀儿”，临摹的就是乍暖还寒的春日里，一群宫女游园弹雀的画卷，笔触细腻，用词极为精准，读来备感真切又趣味盎然。还有“内人追逐采莲时，惊起沙鸥两岸飞。兰棹把来齐拍水，并船相斗湿罗衣”，宫人们采莲戏水的欢乐场景跃然纸上，仿佛能听到年轻的女子追逐打闹时银铃般的笑声。

《花蕊夫人》剧照

蜀后主孟昶是个沉溺享乐的人，烽烟四起的年代，他却在偏安一隅的天府之国上演着歌舞升平的和乐大戏。这个孟昶的生活奢靡到什么程度呢？据说他使用的马桶上都镶嵌着宝石。终于，城头变幻大王旗的那一天来临了，北宋乾德二年冬，宋太祖赵匡胤发兵讨伐后蜀迫使后蜀主出降。所谓覆巢之下，必无完卵，花蕊夫人同孟昶一起做了宋朝军队的俘虏，被押至汴梁。传说途经葭萌驿站休息的时候，花蕊夫人满腔亡国之痛、故国之思无处诉说，深娴笔墨的她作了一首《采桑子》题于驿站壁上：“初离蜀道心将碎，离恨绵绵。春日如年，马上时时闻杜鹃”，刚刚写到这里，押解的宋兵又催促众人赶路了，花蕊夫人只好停笔回望来路，然后继续前途未卜的旅程。

然而，花蕊夫人的内心是不平的，她愤然于后蜀军队的懦弱。蜀道难，难于上青天，由于自然环境的限制，蜀地实为易守难攻，而且，宋军区区一万兵力，后蜀十几倍于它，若是奋力抵抗，怎会短短66天就走上亡国之路？

宋太祖对于花蕊夫人的美貌和才气是早有耳闻的，在召见时就命她赋诗一首。一时间国破家亡的愁思一齐涌上心头，花蕊夫人气吐幽兰却掷地有声地吟出那首著名的《述亡国诗》："君王城上竖降旗，妾在深宫哪得知？十四万人齐解甲，宁无一个是男儿。"清人薛雪在《一瓢诗话》里称赞这首诗"当令普天下须眉一时俯首"。十四万蜀中男儿贪生怕死、不战而败的行径被花蕊夫人责骂得痛快淋漓，一声质问里是恨铁不成钢的怨气，绵里藏针的背后散发着川妹子的辣味。

传说，花蕊夫人喜欢芙蓉，后蜀主曾下令宫城内外官家民居都种植此花，每到花季，满城花香。其实，花蕊夫人就是蜀地最美丽的芙蓉，满怀咏絮才，诉说亡国恨。

梁红玉：战鼓红颜

浩浩江水浪滔天，正是两军对垒，千钧一发的时刻，一位戎装女子身手矫捷地攀上了滔滔江面几丈高的楼台，风吹动她的发丝，愈发显得飒爽英姿。只见她秀目含威，俯视江面，继而轻卷衣袖，玉手执桴，顿时高台上擂鼓声声。和着鼓点，己方阵营越战越勇。流矢漫天，像雨点般划过战鼓楼台，击鼓女子丝毫不为

梁红玉塑像

所动，高楼之上视敌如蚁，那舞蹈般的擂鼓姿态永远定格在宋金激战的江面上，“也是红妆翠袖，然而青史丹心”，这大概是她一生中最美丽的时刻。

美丽的击鼓女子就是抗金名将韩世忠的妻子梁红玉，《宋史·韩世忠传》中“战将十合，梁夫人亲执桴鼓，金兵终不得渡”十余字记录的就是这惊心动魄的一幕。

京剧《梁红玉》剧照

风雨飘摇的南宋疲于应付内乱之际，北方骁勇善战的金兵在完颜宗弼（即俗称的金兀术）率领下乘虚而入，短短几个月的时间已深入到江南一带。面对金兵的势如破竹，宋高宗似惊弓之鸟一路仓皇逃命，先是从杭州逃到明州（今浙江宁波），后来干脆从陆地逃到海上。此时金兵已孤军深入五个多月，大肆抢掠之后准备北撤。担任浙西制置使的韩世忠听闻消息，立即率水军八千人急赴镇江拦截。八千水军对十万金兵，力量悬殊，加上金兵思乡心切，韩世忠的拦截又犯了兵法上的“归师勿遏”，形势甚是严峻。金军将领认为韩世忠是以卵击石，一副不可一世的样子。开战之日，双方在江面激战，韩世忠的夫人梁红玉冒着箭雨身先士卒，亲自上高楼擂鼓，连续打退了金军的多次进攻，金军始终不能渡江。

冷兵器时代，战鼓就是一支军队的灵魂，鼓声强弱、节奏快慢都代表着不同的命令，即所谓的鼓语，可以指挥军队前进后退，协调整体行动。正是由于击鼓者在古代战争中至关重要的作用，他往往也会成为敌方首要的攻击目标，因为鼓手一死，军心涣散，军阵就容易大乱。不难想象，作为大将夫人的梁红玉事实上是站在了最危险的位置，江上高台，目标无疑是极为显眼的，但她以视死如归的心勇敢地将战鼓擂得震天响，这种不顾生命危险的举动，绝对是大大鼓舞了士气。宋军一鼓作气势如虎，直杀得金兵走投无路，被迫溯江西进，进入一个名为“黄天荡”的小港，做困兽状达数十天之久。勇气是不分性别的，只要心中有坚守的信念，一切就变得有意义。梁红玉在高台战鼓前留下的那一抹红颜正是勇气最生动的写照。

与梁红玉有关的还有一个美食的传说，在江苏淮扬一带有一种蒲笋，作为宴席中必不可少的一道菜，有着“无蒲不成宴”的说法，而这个蒲笋还有一个名字叫做“抗金菜”。公元1136年，梁红玉跟随丈夫韩世忠镇守淮安县，遭到数万金兵的围困，形同孤岛。日子一长，面临着食物短缺的极大威胁，梁红玉愁眉不展，偶然间发现一匹马在湖边吃蒲草的茎，她立刻发动大家采食这种蒲笋，终于渡过了难关，后来这蒲笋就有了“抗金菜”的美名。

李清照：才情似水

甜姐儿邓丽君演唱过一首名为《月满西楼》的歌曲，“红藕香残玉簟秋，轻解罗裳，独上兰舟……”，柔美甜润的嗓音配合古色古韵的歌词，让人不由得笼上一层淡淡的相思哀愁。实际上，这首歌的歌词要追溯到一千年前，宋代著名的女词人李清照那首工巧的别情词作——《一剪梅》。“才下眉头，却上心头”的离情别绪竟有这样强的生命力，穿越千年，还在被今人谱曲传唱，李清照的似水才情可见一斑。

在中国历史上压抑女性最为严重的宋代，居然有这样一支清雅绝俗的粉荷，婉约地绽开在诗园词海，烟雨蒙蒙中自成一景，实为难得。

李清照画像

出身书香门第的李清照从小就穿梭在自家的万卷藏书之中，天资聪慧的她耳濡目染，熏陶出一身墨香。天真烂漫的少女时代，李清照或是与秋千做伴，或是倚门嗅青梅，或是采莲水塘深处，或是微风翠柳寻春天，过得甚是

无忧无虑。良好的文学积淀配上自由自在的快活日子，很多时候就相遇成美妙的词句，比如那首脍炙人口的《如梦令》：“常记溪亭日暮，沉醉不知归路。兴尽晚回舟，误入藕花深处。争渡，争渡，惊起一滩鸥鹭。”

不几年，李家有女初长成，才貌双全的李清照出落得光彩照人，并与宰相之子赵明诚结为百年好合，婚后二人郎情妾意，正是只羡鸳鸯不羡仙。爱情也成了李清照的创作之源，这一时期许多佳作诞生。有一次，赵明诚外出许久未归，李清照在家里思念决堤，于是写了一首《醉花阴》致明诚：

薄雾浓云愁永昼，瑞脑消金兽。佳节又重阳，玉枕纱厨，半夜凉初透。

东篱把酒黄昏后，有暗香盈袖。莫道不销魂，帘卷西风，人比黄花瘦。

寥寥数笔，将浓情蜜意通过鸿雁传书抒发得淋漓尽致。赵明诚收到后，一方面被妻子的寂寞惆怅打动，另一方面又为妻子的才华横溢拍手称绝。之后，他闭门谢客，废寝忘食地写了三天三夜，写出五十阕词，然后将李清照的那首《醉花阴》混杂其中，请来自己的好朋友陆德夫品味鉴赏。陆德夫皱着眉头一一浏览，不一会儿眉头舒展，点了点头说：“只有三句绝佳。”赵明诚忙问是哪三句，陆德夫回答说：“正是‘莫道不销魂，帘卷西风，人比黄花瘦’。”

然而不久，宁静美好的日子就被漠北的金兵打碎了，北宋靖康二年，金兵攻破都城东京，在城内烧杀抢掠一番后，掳走了宋徽宗和宋钦宗，历史上著名的靖康之变宣告了北宋的灭亡。风雨飘摇的南宋王朝一路南渡，李清照经历了国破、家散、夫亡的重重打击，从幸福的云端跌落冰冷的地面，开始了凄苦无依的流亡生涯。但是厄运再次降临，孤独飘零的李清照匆匆嫁给了一个心怀鬼胎的小官吏张汝舟，这个卑劣的小人觊觎李清照和赵明诚收藏的金石字画，花言巧语哄骗这个无依无靠的苦命女子，后来却对她折磨虐待，李清照终于忍无可忍地选择了宁为玉碎不为瓦全，毅然离开了这个阴险的恶魔。

大概正应了那句“国家不幸诗家幸”，层层磨难让词人李清照对人生有了更深的感悟，也写出了许多与之前的情感基调截然不同的绝世佳作。晚年的一首《声声慢》诉说着“寻寻觅觅，冷冷清清，凄凄惨惨戚戚”的愁苦，秋雨打着梧桐，点点滴滴到黄昏，一袭轻纱，两行清泪，这位婉约派词作的代言人留给后世的是一笔丰厚的文学财富。

管道升：水墨翠竹

在漫长的历史岁月里，舞文弄墨似乎是男子的专利，“女子无才便是德”一度成为封建社会崇尚的信条。即使有些大家闺秀略通琴棋书画，也大多是出于显示家境非凡或者附庸风雅的目的。就是在这样一个压制女性的畸形环境里，却有一棵翠竹破土而出，默默生长，居然在人才济济的书画园中占得一席之地，这位出类拔萃的著名女书画家就是元代的管道升。

管道升蜡像

管道升在家里排行老二，故字仲姬，放在今天就是我们家里喊的二丫头。据说，管道升的祖先是辅佐过春秋五霸之一齐桓公的上卿管仲，可以说是名士之后了。管家的这个二丫头从小就冰雪聪明，对翰墨、词章、丹青颇感兴趣也悟性极高，父母极为钟爱她，为她选了一个才华横溢的小伙子作为佳婿，这个小伙子就是历史上鼎鼎大名的书法家——赵孟頫。

这一对志趣相投的佳偶在婚后的日子里琴瑟相悦，恩爱伴着墨香。作为妻子的管道升平日里为丈夫摆好笔墨纸砚，悉心观察丈夫写字作画，久而久之，耳濡目染的她书画技能突飞猛进。到了后来，她书写的行楷，居然和丈夫难辨雌雄。

在夫妻二人的熏陶下，赵家的后辈也在艺苑丹青之林中颇有建树。元仁宗曾经下令让管道升书写《千字文》，并镶上了精致的翠绿玉轴，其中还收录了赵孟頫和儿子赵雍的书法作品，皇帝无比自豪地说："要让后世的人都知道我们元代有一位擅长书法的女子，而且不仅仅是她，她的丈夫和儿子都是书法名家，这真是一大奇事啊！"

除了书法上的造诣，管道升在绘画技能上也毫不逊色，她的墨竹作品"笔意清绝，颇有韵味"。有人曾在湖州瞻佛寺的粉壁上见过一幅气势非凡的大型壁画《竹石图》，画高约3.5米，宽5米多，线条自然流畅、雄健有力，这幅佳品的作者正是管道升。画面上山石嶙峋，寥寥数笔勾勒出修竹亭立，清新淡雅，不染尘色。《吴其贞书画记》中评价她的这一作品栩栩如生，晴竹浓墨，层次分明，看上去仿佛清风徐来，竹叶在微微颤动，一阵寒气袭骨，用笔熟练，纵横苍秀，一点都不像是出自一个女子之手，赞叹道："伟哉，古今一奇画也，堪谓之神品。"这大概是古代女画家绘制的最大的壁画。

管道升喜欢画竹，也擅长画竹，她淡雅内敛的性格更是类似于竹。曾经赵孟頫去江浙任职，管道升留在大都，丈夫一去江南久不归，妻子心中隐隐有不祥的感觉，于是她遥寄锦书一封给丈夫，赵孟頫打开一看是一幅墨竹图，旁边题了一首诗："夫君去日竹新栽，竹子成林夫未来；容貌一衰难再好，不如花落又花开。"然而她的担忧最终成真，赵孟頫想要效仿名士多娶几个吴姬赵女，管道升没有吵也没有闹，只写了一首《我侬词》：

你侬我侬，忒煞情多；
情多处，热似火；
把一块泥，捻一个你，塑一个我。
将咱两个，一齐打破，用水调和；
再捻一个你，再塑一个我。
我泥中有你，你泥中有我；
我与你生同一个衾，死同一个椁。

翠竹质洁情更切，这内敛又真诚的感情最终打动了赵孟頫，一生未娶他人。管道升因病去世，赵孟頫悲痛不已，为她扶柩立传，这在女子地位卑微的封建社会也是难得一见了。

黄道婆：锦绣巧手

黄婆婆，黄婆婆，
教我纱，教我布，
二只筒子，两匹布。

这是一首在上海地区流传甚广的儿歌，由于在上海方言中“婆”和“布”同韵，这儿歌读起来也就带着吴侬软语的味道，朗朗上口。

儿歌中提到的黄婆婆就是元代著名的纺织家和革新家——黄道婆，也许这名字听起来不如昭君、貂蝉那般引人遐想，反而觉得有些朴素和土气。但就是这位本分朴实的妇人，凭借着聪慧的头脑和锦绣的巧手，带给松江地区“衣被天下”的美誉。

在卷帙浩繁的正史之中关于黄道婆的记载可谓是难寻踪迹，或许是她普通劳动者的身份不足以名列等级森严的封建社会如此高级别的书录，野史传说中有关黄道婆的只言片语也是少之又少，大概她一生未嫁的经历也没有太多可供茶余饭后谈笑的价值，然而她对于中国纺织业作出的杰出贡献是不容忽视的。

传说黄道婆出身贫苦人家，很小就到了婆家做童养媳，寄人篱下的日子有多苦只有自己知道。可能是实在难以忍受繁重的劳动，又或者是无心犯下了小过错害怕再次遭受严苛的责骂，如惊弓之鸟的黄小妹这一次决定逃离。她悄悄溜出院子，兴许连破旧衣服也没带几件，就这样偷偷爬上黄浦江边停泊的小船，奔向了未知的世界。小船在风浪中漂荡了好久好久，终于靠岸了，黄小妹来到了一个完全陌生的地方——崖州，也就是今天的海南岛。当时的海南岛是棉纺织业较为发达的地区，黎族妇女们个个心灵手巧，用轻便的纺织工具织出精美绝伦的布匹，黄小妹在这里很快和崖州的黎族姐妹熟识了，并虚心地向她们学习先进的纺织技术，由于勤学好问又聪明伶俐，她很快成为了纺织能手。

时光荏苒，黄小妹在崖州度过了几十年的岁月，当年那个稚气未脱的小姑娘已经年过半百，成了老婆婆。中国人重故乡，讲究落叶归根，黄道婆也想回到久违的家乡，于是她带着黎族轻巧的纺织工具和精美的纺织品返回了松江乌泥泾。黄道婆发现故乡的纺织技术还是比较落后的，妇女们仍然靠手工剥棉籽，用小竹弓弹棉花，摇着费时费力的单锭纺车纺纱，十分辛苦又效率低下。于是，她决定革新纺织技术，就像当年小小年纪就勇敢逃脱一样，这一次她也是义无反顾，只是目标更加明确。她设计了手摇脚踏式的轧棉机，用踏车去棉籽，解放了妇女因不停剥棉籽而红肿的双手；她改制了4尺长的大竹弓，弹出的棉花均匀又细致；她发明了三锭棉纺车，可以同时纺三根纱，被人称为黄道婆纺车。这些纺织技术在当

黄道婆

时领先了欧洲几百年。

先进的纺织技术在确保质量的同时又大大提高了效率，再加上黄道婆总结出一套错纱、配色、综线、挈花的工艺，使得色泽亮丽、图案精美的松江布广受好评，时人常赞“松郡棉布，衣被天下！”元代的王逢也曾经给予黄道婆“片帆鲸海得风归，千轴乌泾夺天造”的高度评价。

三娘子：蒙古明珠

华灯初上，呼和浩特的夜晚璀璨如星。如今，它已是一座充满现代化气息的繁华城市，而曾经它的名字是三娘子城。用一座城纪念一个人，这是怎样的殊荣，殊荣的背后又有怎样的付出？

三娘子石雕

三娘子出生于蒙古土尔扈特部的贵族家庭，是一个聪慧俊俏的女孩。据说三娘子的美丽不仅在蒙古草原上流传，还在明代的诗作中留下了倩影，“半醉屠苏双颊冷，桃花一片带春寒”说的就是姣美动人的三娘子。成长在茫茫草原，三娘子从小就练就了一身骑射的好武艺，时常是“红靴脚下踩，金鞭手中甩”，驰骋在塞外。

蒙古各分支中有一股势力正在脱颖而出，那就是俺答汗领导的土默特部。两部落联姻，20 岁的三娘子嫁给了雄才大略的俺答汗，由于她“幼颖捷，善番书”，很受俺答汗的器重，经常跟随俺答汗出征。

美丽的蒙古族女子

当时明朝虽然已经统一了全国，但与北方蒙古族接壤的边境地区始终战火纷飞，双方经常是兵戎相见。战争总是伴着严重的破坏性，边界的百姓饱受痛苦，累累白骨诉说着残酷的过往。明朝和蒙古族的关系长期剑拔弩张，形成了一个恶性循环，也构成了一个重大的隐患。

然而一个突发性的事件，给蒙汉双方长久以来的恶劣关系火上浇油了。俺答汗的爱孙把汉那吉由于家庭矛盾离家出走，并且一气之下投降了明朝，这下俺答汗坐不住了，他要立即领兵前往，将孙子带回蒙古，眼看着恶战一触即发。三娘子就在这危急的关头站了出来，她劝说俺答汗不要意气用事，长年战争已经让蒙汉两族的百姓吃尽了苦头，无非是今天你赢了我退避三舍，明天我赢了你又敬我几分，这样下去什么时候是个头啊，今天明朝收留了把汉那吉不过是想以此为砝码，与蒙古部落谈判停止战争，不如借此机会与明朝休兵通好。

俺答汗采纳了三娘子的建议，成就了历史上著名的“俺答封贡”，一纸合约掩埋了多年混战，明朝封俺答汗为“顺义王”，双方商定了十一处市场开展买卖贸易活动。每到规定的互市时间，熙熙攘攘的市场上都能看到各种各样的货物，大到膘肥体壮的蒙古骏马、结实厚重的羊皮棉袄，小到做工精细的绸缎刺绣、清香怡人的胭脂水粉，品种繁多，热闹非凡。来之不易的化干戈为玉帛，让一直以来备受战火摧残的边境地区得以笼罩在一片安宁祥和之中。而三娘子也一直守护着这份蒙汉和平，用尽一生，呕心沥血。三娘子负责互市事宜期间，严守盟约，规定对于以次充好、明抢暗盗等破坏互市的行径一律严惩不贷，当时的人们都说，有三娘子主持互市，边境百姓就可以尽享安居乐业了。明朝感念于她的付出，封给她“忠顺夫人”的称号。

三娘子像

据说在明朝以前，蒙古草原上始终没有一座像样的城池，三娘子和俺答汗一起铸造了一座城，城墙全部用青砖砌成，远望过去一片青色，这就是今天呼和浩特市的雏形，而呼和浩特的蒙古语意思就是“青色的城市”。当时的人们为了纪念三娘子，就把这座城称为“三娘子城”。

秦良玉：红颜封侯

在中国古代历史上有一支著名的“特种兵”，他们的作战武器是白杆长矛，这种特殊的武器是就地取材用结实的白木做成，上端是钩，下端是环，钩子锋利无比可以刺伤敌人，铁环则可以用作锤击武器，更绝妙的是，遇到特殊情况，数十支长矛还可以钩环相连，作为攀爬工具。领导这支白杆兵的正是红颜封侯的秦良玉，她是我国五千年漫漫长河中唯一一位载入正史将相列传的女将军。

秦良玉红绸平金绣蟒凤衫

后人根据她遗留下的衣物推测，秦良玉的身高在 1 米 86 左右。这位巾帼英雄和兄弟们一起长大，自幼便和武艺结缘，后来更是以比武招亲的形式寻得如意郎君。秦良玉的丈夫是东汉名将伏波将军的后代马千乘，当时是一方土司。结婚后，秦良玉就协助丈夫组建了历史上威名远震的白杆兵。

秦良玉第一次崭露头角是在一次剿灭叛匪的行动中，播州的一个土司杨应龙举旗反叛朝廷，朝廷下令派遣总督李化龙召集附近各路军前往围剿，马千乘和秦良玉也带领3000名白杆兵助剿。这一天正是正月初二，官兵们举行宴会欢庆新年，不曾想危险正在一步步逼近，叛匪决定趁机夜袭。秦良玉警惕性极高，她没有前去赴宴，而是率部坚守阵地，密切关注着敌方的动向，很快发现了对方的阴谋，出其不意地出现在叛匪面前，大获全胜。紧接着各路大军乘胜追击，一举歼灭了杨应龙的势力。战后，主帅李化龙特意命人打造了一面镌刻着“女中丈夫”四个大字的银牌赠与秦良玉。

秦良玉塑像

命运也曾给予秦良玉残酷的打击，马千乘因拒绝行贿得罪了京都的太监，被捏造罪名关进监狱，不久竟因病身亡了。秦良玉抱着尚在襁褓中的婴儿，接过了土司的重任，并以大义为重，仍然心向朝廷。在明朝受到后金威胁，千钧一发之际，秦良玉率领白杆兵日夜兼程，北上杀敌。军饷短缺，她拿出自己的家产补充。她的白杆兵作战勇猛而且纪律严明，据说秦良玉率部进京时，人们听说白杆兵来了，纷纷走出家门，想看看这支秋毫无犯的军队，竟然由于围观群众太多，把道路都堵住了，差点发生踩踏事件。

面对后金最精锐的铁骑军，秦良玉毫无惧色，几个回合下来，彪悍的铁蹄骑兵竟然没招架住个头不高的白杆兵，连连失利的金兵不得不班师回朝，休养生息。金兵败退关外的捷报传到宫中，崇祯皇帝非常高兴，下诏接见这位让敌人闻风丧胆的女英雄，并亲自挥毫泼墨，一口气为她写下了四首诗。

处于多事之秋，风雨飘摇的明朝已经走在行将衰败的边缘，东北部崛起的女真族实力渐强，首领努尔哈赤统一各部，成为明朝统治巨大的威胁。面对虎视眈眈的清兵，秦良玉自始至终对明朝忠心不二，她据险固守大本营——石柱，即便在清兵入主中原后的最艰难时刻也没有屈服于清朝的压力，很多老百姓逃离战火纷飞的家园，来到秦良玉的石柱寻求一丝庇护。

秦良玉的一生叱咤风云，正像崇祯皇帝写给她的诗中所说："学就西川八阵图，鸳鸯袖里握兵符。由来巾帼甘心受，何必将军是丈夫。"

庄妃：辅佐三朝

近年来，古装清宫戏热潮不减，金色琉璃瓦、红色古城墙似乎有说不尽的传奇故事。作为距离我们最近的封建王朝，清代的历史上有一位地位特殊的女性，她的一生辅佐了三代君王，为清朝的繁荣作出了巨大的贡献，她就是孝庄文太后。

孝　庄

生长在蒙古大草原的她是科尔沁贵族千金，由于生得妩媚动人，被当地人誉为“东方第一美女”。当时蒙古和满族贵族之间为了结成更亲密的关系，经常通婚，这位美丽的科尔沁之花就嫁给了满族的皇太极，被封为庄妃。雄心勃勃的皇太极一心想入主中原，建立统一的国家，然而壮志未酬身先死，正直壮年的他却突然暴病身亡。这一下导致了群龙无首的局面，由于皇太极生前并没有册立继位者，本来蒸蒸日上的清朝陷入皇位争夺的僵局。

当时竞争最激烈的两支力量是皇太极的弟弟睿亲王多尔衮和皇长子肃亲王豪格，双方暗地里拉帮结派，一场危机四伏的帝位之争呈现出山雨欲来风满楼的紧张局面。如果处理不当，这极有可能断送清朝的未来，皇太极苦心经营的一统大业将毁于一旦。在这个危机时刻，庄妃收拾起了丧夫之痛，她出色的洞察力和政治才能开始崭露头角。为了大清的基业不至于四分五裂，也为了自己的儿子能登上皇位，她作为中间力量调和双方矛盾，凭借冰雪聪明的智慧和巧妙灵活的政治手段，提出了一个折中的方案，最终大家拥立皇九子福临登基，他就是历史上清朝入关后的第一代皇帝顺治。

清军浩浩荡荡行进着，年仅 6 岁的顺治皇帝端坐在高高的御座上，也许此时的他还不甚明白将要面临的是怎样的生活，而身旁凤冠盛装的女子深知这一切的来之不易，孝庄皇太后此刻心中默念着“任重道远”四个字。

庄妃朝服像

在孝庄的悉心教导下，顺治皇帝励精图治，处理着清初种种复杂的民族关系。然而，命运再次给这个坚强的女人一记重击，24 岁的顺治帝英年早逝，让饱受丧夫之痛的她再尝失子之殇。这一次，她挂念的仍是大清的基业，埋葬悲伤，振作精神，孝庄扶持同样年幼的孙子玄烨登上皇位。当时有人建议孝庄垂帘听政，但她以后宫不干政为由予以拒绝，始终站在玄烨的背后，给他支持，给他鼓励，成就了历史上著名的康熙皇帝，更为康乾盛世奠定下坚实的基础。

公元 1687 年，这个为了大清江山奉献一生的伟大女性走到了生命的尽头，康熙皇帝悲痛难当，食不下咽，甚至于“昏晕呕血”，一个多月的衣不解带、床榻守护终未能挽留祖母垂危的生命，这个贤明能干的君主，始终把自己当做那个承欢祖母膝下快乐成长的孩子。康熙曾经饱含深情地说过："我小小年纪就失去父母，无依无靠，幸好有奶奶照顾，三十多年来，她悉心教导我，如果没有她，我绝对不会有今日的成就。"

清初和清末的历史上，分别有两位女性留下了自己的名字，一位是孝庄太后，一位就是慈禧太后。不同的是，孝庄用呕心沥血的一生为清朝的繁荣贡献了自己的力量，成就了青史流芳的美名，而慈禧则用垂帘听政的干预、挥霍无度的生活葬送了国泰民安的盛世，留下了千古骂名。

王贞仪：博学多才

王贞仪的名字略显陌生，似乎不大为众人所知，作为清代一位民间的科学家，她曾经是一个世人眼中的异类。

她的幼年和童年是与书籍相伴的，祖父那满满一屋子的书里藏着多少奥秘啊，小姑娘在那里忘记了时间甚至忘记了自己。当别家的女孩都在闺房里绣花草、学针线的时候，她沉醉在科学的海洋里不能自拔，难免被看成是一个古怪的丫头。大概也正是这个原因，现在流传下来的关于王贞仪的资料很少，但我常常想透过历史的碎片记忆，拼凑出一个她的剪影，这是一个怎样倔强又个性的女孩啊。

王贞仪蜡像

虽是南方人士，但王贞仪曾经跟随家人在北方度过了一段重要的成长时期，我猜王贞仪放在今天肯定是个假小子似的女孩子，据说她在北方的这段时间，跟随着一位蒙古的将军夫人学习骑马射箭，史书上说她“跨马横戟，往来如飞”，后来达到了“发必中的”的程度。在塞北的荒漠上这只南方的燕儿自由翱翔，原本就与传统规范格格不入的个性得到了更加充分的释放，王贞仪曾经豪情万丈地写下“足行万里书万卷，常拟雄心似丈夫”的诗句。

在清朝当时的社会氛围下，“学而优则仕”成了金科玉律，学子们读书就是为了参加科举考试，盼望着一朝金榜题名，因此，埋头苦读的都是经史子集类应对八股文的书籍，天文气象、算学历法却少有人问津。一方面急功近利的读书人觉得学而无用，另一方面这些学科也确实艰深难学。王贞仪却对这些自然科学的知识颇感兴趣，别人看来枯燥难懂的东西在她眼里却是充满吸引力。

不要说封建社会提倡女子无才便是德，即便是有些出身名门的闺秀有机会学点东西，也大多是舞文弄墨写写诗词，像王贞仪这样涉足人烟稀少的自然科学领域的女子实在是屈指可数。但这种探索的孤独还不是最大的考验，由于不被重视，加上社会偏见，很多人都不理解她，说王贞仪是一味好名的闺阁狂士。

今天，我们早已知晓了“月有阴晴圆缺”的秘密，但在几百年前，没有实验器材，没有基础理论，想搞清楚月亮亏盈的原因可不是件容易的事儿。一切都没有阻挡住王贞仪求知的心，她将一盏灯吊在房梁上当做太阳，用一张圆桌做地球，一面圆镜当月亮，不断地移动位置，认真地观察，终于找到了成因，并写出了《月蚀解》这样一篇科学价值极高的论文，思路清晰，通俗易懂。

除了在天文地理、历法数学方面的成就外，王贞仪还在父亲的影响下涉足了医学领域。从小王贞仪就跟随父亲学习了一些医理，由于自己善于钻研，勤于思考，她总结出了许多医学经验，非常注重将医学理论和临床症状相结合。根据史书上的记载，年轻的王贞仪医术相当高明，当时有着“女中华佗”的美誉。

令人惋惜的是，这样一个不按世俗标准生活的女子因为积劳成疾，仅仅在世间留下了29年的生存轨迹。临终前她嘱托丈夫把平生的手稿交给友人蒯夫人，友人也不负重托，历时6年将这些手稿整理成册，遗憾的是，它们中的大部分已经遗失在历史的尘埃里。通过仅存的只言片语，我们仍然可以看到这个有些叛逆的清代女子用短短的一生书写的科学精神。

小白菜：弱柳不折

小白菜呀，地里黄呀。
三两岁呀，没了娘呀。

一首流传甚广的河北民歌《小白菜》，凄凄惨惨的歌词，悲从中来的腔调，让听者不免心生怜惜，而这首民歌的创作素材来源于一段著名的晚清奇案——杨乃武与小白菜案。

若是没有这段九死一生的磨难，不曾经历这场满城风雨、甚至惊动清廷最高统治者的千古奇案，小白菜也会和那个时期大多数平民人家的女子一样，被湮没在苍茫的时光中，不会留下一丁点的痕迹。然而她在浩瀚的历史洪流中居然留下了自己的影子，且是以一种极端悲惨的沉冤得雪的方式。

电视剧《杨乃武与小白菜》

小白菜本姓毕，后来嫁给了豆腐坊一个帮工的伙计葛品连，在中国古代，女子出嫁后要冠以夫姓，她被称为“葛毕氏”。由于生得俊俏秀丽，加上平时极喜欢清雅素净的打扮，经常穿一件葱绿上衣配雪白的裙装，她被当地人喊作“小白菜”。

小白菜夫妻俩租住在一间小房子里，房东是一位举人，叫杨乃武。同在一个屋檐下，小白菜有时候会向杨乃武请教些问题，难免就走得近了点，在那个男女授受不亲的封建年代，这就成了市井花边小新闻了。但这流言蜚语也就只是人们茶余饭后的谈资，似乎没有兴起什么大风浪，直到出现了一根导火索。有一天，小白菜的丈夫葛品连突感身体不适，回家来休息，小白菜不敢耽搁，忙前忙后地煎药照料，然而葛品连还是很快就暴病身亡了。这下暗流涌动的水面开始不平静了，一场暴风雨即将来临。

葛母心有不甘，怀疑儿子是被人下毒害死的，就闹到官府要求验尸。当时衙门验尸的是仵作，相当于我们今天的法医。这位仵作在验尸的时候也有些漫不经心，用银针试毒之前没有严格按照程序走，未用皂角水擦洗它，草草断定葛品连为中毒身亡。知县听信了一些坊间传闻，主观认定小白菜和杨乃武有染，将二人屈打成招，称两人合伙毒害了葛品连，一个判凌迟，一个判斩首。杨家人三次进京控诉，案件被三次发回重审，每一次小白菜都哭喊受冤，历时3年多未能结案。这件事终于惊动了朝廷，慈禧太后亲自下旨由刑部会审。在刑部的大堂上，小白菜一度泣不成声，失去丈夫的痛、含冤受屈的痛、严刑拷打的痛一时间涌上心头，喊冤声动地惊天，那凄苦无依的身影让人想起关汉卿的杂剧《窦娥冤》里的女主角，以及窦娥那句撕心裂肺的血泪控诉：“地也，你不分好歹何为地！天也，你错勘贤愚枉做天！”

小白菜剧照

刑部再次开棺验尸，尸骨呈黄白色，并无中毒呈青黑色的迹象，因而认定葛品连确系暴病身亡，小白菜沉冤得雪，终于走出牢房，云开雾散。据说，小白菜重获清白自由身后看破红尘，削发为尼，取法号慧定，青灯伴古佛度过余生。

作为一个处于社会下层毫无力量的平民女子，面对突如其来的污蔑与灾难，她能做的最大努力就是挣扎。比起艺术作品中的窦娥，小白菜也许是幸运的，她的挣扎和不屈服换来了新生，没有像窦娥那样血飞白练，六月飘雪埋尸骨，这样一枝弱柳历经风雨，不曾折断，给我们留下了一个平民女子的坚强身影。

秋瑾：碧血志士

今天，到绍兴的古轩亭口，可以看到车来车往的繁华。那个留下七字绝笔的鉴湖女侠已经离开了百年的光景，如今可以寻觅芳踪的地方是与古轩亭口牌楼相对的秋瑾纪念碑，一尊汉白玉的雕像傲立在此，孙中山“巾帼英雄”的题字与之相随。

秋　瑾

百年之前的那个清晨，秋瑾就是被押解到这里，静静地看着周围的人群，从容镇定，没有哭泣，没有害怕，心中有着理想和追求的人大约是无所畏惧的。一种对女子来说少有的惨烈方式结束了她年轻的生命，秋瑾执著倡导的男女平等，居然以斩首这种对待男子的行刑手段得以实现。

若不是生于那个风云激荡的年代，若不是骨子里的对男权社会的反抗，这个文采飞扬的女子可能会安于相夫教子的传统婚姻生活，至多在闲暇时光吟首诗，填阕词。当然，她没有，她冲破一切牵绊和束缚，只身东渡日本，在那个时代，这无异于惊世骇俗的举动。为了男女平等的理想，她脱下女儿装，摇身一变，风度翩翩。才女吕碧城对第一次见秋瑾的场景记忆犹深，门房高举着写有“秋闺瑾”的名片禀报：“来了一位梳头的爷们儿。”梳着发髻的秋瑾配上一身男装，倒也英气逼人。说到秋瑾与吕碧城的缘分，还有一件不得不提的事情，据说秋瑾曾经用过“碧城”二字作为笔名，于是许多读者误将二人的文章混淆，秋瑾后来就特意去天津拜访了吕碧城，两人一见如故，相聊甚欢。时任《大公报》编辑的吕碧城文采斐然，秋瑾从此不再使用“碧城”之名，两位女士却从此结下情谊，以不同的方式为争女权、兴女学付出努力。在秋瑾牺牲后，吕碧城顶着清政府的压力，收敛了她的尸体。

“这并不是我个人的事，是为天下女子，我要让男子屈服。我要做男人也做不到的事情。”这一句成了秋瑾一生的信念，在日本，她参加了多个革命组织，积极活动，热情高涨。回国后，她和徐锡麟策划共同发动浙皖起义，绍兴的大通学堂成了宣传革命、策划行动的地点。几易时间，终于商定7月19日在安庆、绍兴两地同时暴力起义。然而徐锡麟刺杀安徽巡抚恩铭，自己也壮烈牺牲，安庆起义失败，牵连绍兴，清政府下令抓捕秋瑾。众人劝秋瑾速速逃离，这个坚强刚烈的女子却早已做好了为革命流血牺牲的准备，她迅速转移了隐藏在大通学堂的武器装备，又疏散了聚集在此的众多学生和革命者。一切安排妥当，自己却错过了离开的最佳时间，秋瑾干脆端端正正坐在大通学堂里等着清军到来。

在县署花厅接受审讯时，秋瑾一个字也不肯说，让她写供词，对国家命运的忧虑，对起义失败的惋惜，对革命未来的期望一时间纠缠笔端，她拿起朱笔写下“秋风秋雨愁煞人”的七字绝笔。1907年7月15日凌晨，秋瑾就义于绍兴古轩亭口，面不改色，神态自若。

影视作品中的秋瑾

秋瑾的死似乎刺痛了那个虚弱民族的神经，一时间民情激愤，舆论四起。下令斩杀秋瑾的浙江巡抚张曾扬和绍兴知府贵福饱受抨击，前者本要调任江苏巡抚，不料消息刚刚出来，立马遭到当地士绅强烈反对，联名发电报给都察院抗议，后者调往安徽宁国府也被当地愤怒拒绝，只得隐姓埋名，度过余生。

几经曲折，秋瑾得以埋葬在杭州西泠桥畔，碧血志士，有美景相伴，想必不会孤单。

吕碧城：民国奇葩

清朝晚期，古老的帝国风雨飘摇之际，最高统治者光绪帝和慈禧太后于同一年先后离世。就在清廷上下一片恐慌，好像群龙无首的时候，一阕名为《百字令》的词横空出世。大意是慈禧这个祸国殃民的老太婆，垂帘听政大权在握这几十年，把国家搞得一团糟，害得我们丢领土失钱财，她要是到了阴曹地府，肯定羞于和汉高祖的吕后、唐朝的武则天见面。这阕词配上慈禧的画像被登在报纸上，可以说言辞非常犀利，把慈禧痛快淋漓地大骂了一顿，成为轰动一时的新闻。但很多人都不知道，这阕词的作者是一个才貌双全的女子，她就是有“一代词媛”之称的吕碧城。

吕碧城

吕碧城是生长在清末民初文艺园中的一朵奇葩，书香门第的出身让她从小就接受了诗词书画的熏陶，加上颇有些天分，小小年纪就很有点名气了。当然如果只是传统文化的造诣，吕碧城还算不上奇葩，她美丽的外表下掩盖着离经叛道的性格，造就了她传奇的人生经历。

她似乎注定不是一个乖乖女，无论是父亲病故后，面对吕氏族人的刻意刁难，还是寄人篱下，面对舅舅的约束训斥，她骨子内都充满抗争的气息。所以，对待前者，她没有和母亲抱头哭泣，小小年纪就懂得四处求援，请父亲的朋友们帮忙；对待后者，她竟然能做到只身逃离，没带衣服，身无分文，也敢出来闯世界。当然，这位才华横溢的女子肯定不至于流落街头，机会总是不经意间降临。吕碧城本想写信向一位供职于《大公报》的友人求援，不料这封信正巧被《大公报》的总经理英敛之看到。这一看不要紧，英敛之立刻被吕碧城的文采斐然吸引了，于是求贤若渴的他亲自登门拜访，并聘请吕碧城担任《大公报》的见习编辑。吕碧城成了我国新闻史上第一位有史可查的女报人，而且是在声名显赫的《大公报》供职。借着这个平台，吕碧城发表了很多倡导女性解放的文章，一时间出现了“绛帷独拥人争羡，到处咸推吕碧城”的奇观。

吕碧城还和鉴湖女侠秋瑾是好朋友，两人第一次碰面就有相见恨晚的感觉，晚上同寝而眠，谈局势、聊民生，甚是合拍。此后秋瑾因为参与革命起义被清军逮捕，从容就义，但无人敢上前收尸，作为故交，吕碧城冒着极大风险迈出了这一步，官府得知前来收尸的是誉满华夏的吕碧城，也不敢轻举妄动多加干涉。后来，吕碧城还用英文写了《革命女侠秋瑾传》，在美国纽约、芝加哥等地的报纸上发表，没有让秋瑾寂静无声地死去。

作为一位才华横溢的女子，吕碧城曾经受到袁世凯的重用。袁世凯做直隶总督的时候，正大力推行“新政”，筹办女学，北洋女子公学在天津成立后，吕碧城就出任了总教习兼国文教员，后来北洋女子公学更名北洋女子师范学堂，时年23岁的吕碧城成为了中国近代史上第一位女校长。袁世凯出任大总统后，吕碧城受聘为总统府咨议，当袁世凯逐渐流露出称帝的野心时，清高的吕碧城毅然辞官，与他这种倒行逆施的荒唐行径说拜拜，从此淡出政坛。

这位有“民国第一奇女子”之称的吕碧城，在那个新旧交替的历史年代，做过报纸的主笔、当过女校的校长、任过总统的秘书，后来又漂洋过海游历过很多国家，一生都在书写着美丽的传奇。

宋庆龄：唯菊与石

唯菊与石，品质高洁；唯石与菊，天生硬骨。悠悠清泉，娟娟明月，唯菊与石，品质高洁。这是何香凝对宋庆龄的评价。

宋庆龄

当她还只是温婉秀丽的宋家二小姐，她的心中也许像寻常女子一样，有着对爱情的憧憬和期盼，她大概不曾想过自己的一生会和中国革命发生怎样紧密的联系，她似乎从那时起就静守着一份内心的安宁和执著。

遇到孙中山先生，并同他携手并肩，这正是宋二小姐心灵深处找寻的那份钦佩和仰慕的爱，于是青涩的宋小姐成了端庄的孙夫人。从这一刻起，她告别了富足优越的家庭环境，开始了与爱人一起奔波忙碌的日子，一起为中国的民主自由而奋斗的日子。1922年6月16日凌晨，陈炯明叛变革命，他反对孙中山北伐，下令炮轰孙中山的住所。千钧一发的危急时刻，宋庆龄对孙中山说："中国可以没有我，不可以没有你。"这位外表娇弱的女子此时表现出惊人的勇敢和坚决，她坚持让孙中山先乔装离开，而自己则留下来制造一个假象，让叛军们误以为孙中山仍然在家中，从而为他的逃离提供足够的时间。几经磨难二人死里逃生，但怀有身孕的宋庆龄却因为劳累和紧张流产了，并造成终生未能生育的遗憾。

孙中山曾经送过这样两句诗给她："精诚无间同忧乐，笃爱有缘共死生"，夫妻情深令人动容。然而这段志同道合的婚姻只有短短10年的时光，孙中山先生因病辞世，宋庆龄悲痛难当，瘦弱的身影藏匿在黑色的旗袍中，却表现出带着泪光的坚强，她始终坚持孙先生的主张，努力践行着他未竟的事业。

在营救爱国人士的时候，这个娇弱的女子自请入狱，她质问抓捕者爱国何罪之有。1936年，七位救国会的领袖被当局非法拘捕，酿成了震惊中外的"七君子事件"，宋庆龄得知后心急如焚，为了营救这七位爱国者，她号召了一大批当时的知名人士，带着行李来到关押七君子的地点，坚称若是爱国有罪，则同罪入狱，给当局施加压力。

在号召大家一致对外的时候，这个明理的女子牵线搭桥，她积极斡旋促成国共合作。在日本入侵、民族存亡的关头，停止内战、抗日救国成为大势所趋，蒋介石方面也在寻找与共产党接触的机会，本来已经与国民党中央断绝关系的宋庆龄从大局出发，积极出面沟通，力促国共合作建立抗日民族统一战线。

作为伟人的妻子，背负着国母的盛名，很多时候宋庆龄都是以德高望重的形象端坐在历史的记忆里，那样高大，那样神圣。但她始终保有一片平静如水的内心世界，也有着平易近人的亲

孙中山与宋庆龄

切。没有自己的孩子，她就用仁慈的心爱全天下的孩子，据说宋庆龄身边的工作人员只要家里生了孩子，她都要见一见，送给孩子一些小礼物，逢年过节也要邀请所有工作人员的孩子一起到家里玩，发糖果和饼干给孩子们吃。不能做母亲也许是她一生的遗憾，然而她将积攒的母爱倾注到所有的孩子身上，在很多流传下来的照片中，都能看到宋庆龄和孩子们在一起，目光慈爱又怜惜，一个心里充满爱的女人自然是最美丽的女人。

宋庆龄说："假如一切事情要再重复一次的话，我还是愿意同样地生活。"这个内心平和、信念坚定的女子度过的是无怨无悔的一生，哪怕为了革命事业不能尽孝双亲，只能离世后埋在父母的墓旁，哪怕辗转奔波，陪伴孙中山北上南下，甚至失去自己的孩子，哪怕与国民党当局割席分坐，宣布与违反革命原则者决裂……

唯菊与石，堪比一生。

向警予：红色战士

清晨，一位平静如水的女子透过监牢的铁窗，出神地看着天边那一抹鲜红的朝霞。她拢了拢自己齐耳的短发，将棉布上衣平整了几下，身上满是审讯时留下的累累伤痕，而后从容不迫地走出了监狱铁门。高声呼喊着民主解放的口号，她视死如归地走向了刑场。枪声响起，年仅 33 岁的向警予血洒大地，这一天是 1928 年 5 月 1 日国际劳动节，却成了这位誓为共产主义事业奋斗终生的女共产党员永远的祭日。

向警予

向警予在家里排行老九，小名就叫“九儿”。留学日本的大哥回乡后，和当地一些开明人士一起创办了一所小学，九儿非常渴望读书，在哥哥的支持下，她以向贤俊的名字报名上了学，打破了当地没有女孩上学的先例，成为第一名女学生。九儿短暂的一生也似乎始终在挑战着男女不平等的社会标准，她受到新思想的熏陶，为自己改名“警予”，意为时时警策自己。1911 年，还在常德女子速成师范学校读书的向警予就曾经写下：“振奋女子志气，励志读书，男女平等，图强获胜，以达到教育救国之目的。”

在家乡时，湘西镇守副使第五区司令周则范看中了向家这个聪慧美丽的九丫头，想娶她为妻，结果我们这位九姑娘只身闯入周公馆，义正词严地对周则范说：“以身许国，终身不嫁！”留下一脸惊愕的众人扬长而去。

许身中华，如何许呢？国家处在苦难的边缘，衣衫褴褛的贫民和弱肉强食的现状，构成一幅悲凉的场景，怎样才能解放处在水深火热中的中华民族呢？哪一条才是救国救民的真理呢？洋面上波涛汹涌，轮船上的向警予亦是心潮起伏，她踏上了去法国勤工俭学的旅程。在法国她以惊人的毅力，很快打通了语言关，白天在树胶厂、纺织厂做工，晚上挑灯夜读学习法语，短短几个月向警予已经可以阅读法文版的《共产党宣言》了，她终于找到了自己的信仰，像在黑夜中看到一束耀眼的光。

回国后，向警予第一时间加入了中国共产党，成为最早的女党员之一，后来她被选为中国共产党历史上第一位女中央候补委员，不久党中央成立妇女运动的领导机关——妇女部，向警予担任了第一任部长。也许是自小骨子里就有的那股“谁说女子不如

男”的倔强，向警予积极组织各地的妇女解放运动，撰写了大量论述妇女运动的文章，提出女子解放是社会发展和人类幸福的重要条件。也正是由于她出色的社会活动和杰出的领导才能，向警予成为当局重点抓捕的对象。

1928 年 3 月，由于叛徒的出卖，向警予在汉口法租界被巡捕房逮捕。在法租界的法庭上，她大义凛然，先用汉语而后用流利的法语质问法官："这里是中国的土地，你们有什么权利来审问中国的革命者？你们把法国大革命的历史都忘记了吗？你们法国人不是鼓吹自由、平等、博爱吗？不是说信仰自由吗？既然如此，为什么要来干涉我们的信仰自由？"以致法官也被问得哑口无言，法国领事甚至折服于她的自由精神和抗争勇气。

然而最终，红色战士向警予走向了刑场，幻化成黎明前最美的那一抹血色朝霞！"人生价值的大小是以人们对于社会贡献的大小而判定的。"向警予用 33 岁的生命书写了最丰富的人生经历和最崇高的人生价值。

史良：政界芳草

1937年6月的一天，国民政府高等法庭正在审讯一桩案件，被审讯的对象里有一位端庄秀丽的女士，她身穿香云纱连衣裙，质地细密，素雅飘逸。当然她惊艳全场的绝不仅仅是清丽脱俗的气质，还有舌战群儒的口才。

检察官问："你们所谓的全救大会宣言和纲领是什么？"

史 良

女士不卑不亢地回答："就是四个字'团结抗日'，抗日二字，人同此心，心同此理，除非检察官是日本帝国主义者，才会判救国有罪！"

一时间检察官被这女士的据理力争搞得哑口无言。

半年前的一天深夜，万籁俱寂的夜空被一阵急促的警笛声划破，还在睡梦中的七位全救会的主要负责人被国民党宪兵非法拘捕，轰动一时的"七君子事件"发生了。震惊中外的"九一八事变"后，中国社会上很多有识之士认清了日本侵略者的狼子野心，决定联合成立全国各界救国联合会（简称全救会），但是国民党当局对于全救会的抗日救亡活动疑虑颇多，甚至心存忌惮，于是一夜之间制造了“七君子事件”。

这七君子中唯一的女士，被其余六位戏称为“难妹”，她正是在法庭上针尖对麦芒从容不迫的史良。面对日本的野蛮入侵，史良率先倡导成立妇女救国组织，号召广大妇女朋友团结一致，不做亡国奴，奋起救国。这次“七君子事件”引起轩然大波，被尊为国母的宋庆龄积极营救，与其他几位具有社会影响力的人士联名发表《为七领袖被捕事件的宣言》，甚至一些知名的国际人士如杜威、爱因斯坦等也呼吁释放七君子。宋庆龄还发起了“救国入狱”运动，表示同为爱国者，理当同罪入狱，并且在慰问七君子时特意先到女监看望了史良。

史良在入狱前，国民党曾经广发通缉令悬赏 5 万元追捕她，乐观的史良居然特意跑到一张贴在墙上的通缉令前照了张相，随后她自动到江苏省高等法院投案，在女牢里度过了 7 个月。而这 7 个月在后来女律师史良的回忆中，是她一生中最忙碌的时光之一，她与女犯们朝夕相处，对每个人的案情都了如指掌，帮大家分析案情寻找辩护的方法，有些女犯人不识字，史良又充当了义务教师，在她后来出狱的时候，很多不识字的女犯已经能够大体看懂报纸了。

史良是一个很有生活情调的女性，据说在 1950 年代的时候，她喜欢喝柠檬红茶，将柠檬肉泡在茶里，却把柠檬皮留下放在盘子里，然后一边喝茶一边把柠檬皮贴在脸上，说是用来美容。写作《往事并不如烟》的章诒和小时候把史良视为崇拜对象，称她是美丽又高贵的女性，无论走到哪里都与众不同。去别人家里做客的时候，她路过庭院里缠绕在竹篱笆上的小花，也会兴致勃勃地停下脚步，俯身摘那么几朵托在手心，然后仔仔细细地别在上衣的扣眼里。

这样一位在法庭上口若悬河让法官无言以对的女律师，这样一位善于发现生活中的美好保持着小情愫的女士，后来成了新中国第一位女司法部部长。作为新中国人民司法工作的开拓者，她

史良伉俪

为中国的司法制度完善做了大量的工作，成为当时政界中位置颇高的知名女性。史良后来把自己在上海的十余处房产全部无偿赠送给了国家，过世之后，人们整理遗物才发现她的全部首饰加起来不过三千块钱。心中装着大国家的人，想必也是幸福的人，哪怕是身无一物。

冰心：玉壶盛爱

印象里中小学时代的语文课上有两篇文章我最是难忘，一篇是贾平凹先生的《一棵小桃树》，还有一篇就是冰心奶奶的《小桔灯》。那时候正式上课前还有个早读时间，冬天天亮得迟，坐在玻璃上轻蒙雾气的教室里，大声朗读着课文，不知不觉窗外已挂上一抹朝霞。《小桔灯》即是我在某个学期里每周语文早读课上都要温习一遍的文章，读完之后还会意犹未尽地在玻璃窗上哈口气，三笔两笔抹出个小桔灯简笔画。

彼时毕竟年纪尚小，最大的乐趣是回家后照着文章中的几行描述自己做了一盏小灯，没有老师写在黑板上的主题思想，我大概读不出文字背后蕴藏的丰富政治含义，却很是喜欢冰心在字里行间留下的那一泓清泉般的美好情愫。也正是学习这篇课文的时候，通过语文老师的讲述了解到冰心有个读起来都觉得口齿生香、叮咚脆响的原名——谢婉莹，真正是文如其名。

冰　心

人是复杂的，会有种种际遇，一生执著不变在我看来实为不易。因而，有的时候简约的命题未必简单，比如用一个字来凝练一个人。这个命题若是出在冰心身上，答案却又似乎是恰如其分的，那就是一个“爱”字。生活在爱中的人，才善于发现爱；能发现爱的人，才能懂得爱；懂得爱的人，才会珍惜爱；珍惜爱的人，才乐于传播爱；乐于传播爱的人，才永远生活在爱里。冰心就是这样一个感受爱、发现爱、懂得爱、珍惜爱、传播爱的人。

冰心拥有幸福的童年，担任海军军官的父亲和出身书香门第、知书达理的母亲，用爱为她塑造了温馨的成长环境。而冰心自己也说：“我觉得我的童年生活是快乐的，开朗的，首先是健康的。该得到的爱，我都得到了。”正是这种充满爱的生活体验，让她的心里始终有一片净朗的天空，看待事物的眼睛里也充满爱意。这也印证了那句“洛阳亲友如相问，一片冰心在玉壶”，这颗浸润着爱的心终其一生都是冰雪般晶莹剔透，不染丝毫杂质。

1923 年，冰心以优异的成绩获取留学美国的机会。这一时期，她以柔美隽丽的笔调记录了在异国他乡的经历和点点滴滴的细微感触，发表了中国儿童文学的奠基之作——《寄小读者》，为孩子们种植了一片充满温情的百花园，正如曾经的《繁星》、《春水》一样，将爱的文字播洒在每一个人的心间。巴金这样评价过冰心：“有你在，灯亮着。一代代的青年读到冰心的书，懂得了爱：爱星星、爱大海、爱祖国，爱一切美好的事物。我希望年轻人都读一点冰心的书，都有一颗真诚的爱心。”

童年的浓浓亲情让冰心种下了爱的种子，与丈夫吴文藻结婚后，冰心的生活中依旧是爱相随。女儿吴冰在回忆父母的趣事时总是很开心，冰心留学时曾经照过两张照片寄给父母，冰心的母亲去世后，吴文藻就向岳父讨来了照片，并摆在自己的书桌上，冰心就打趣先生，这照片放在这里是你每天要看一眼呢，还是仅仅作为摆设？吴文藻马上表示，当然是要每天都看的。结果有一天冰心就故意将照片换成了女影星，吴文藻几天都没发现，经过提醒才恍然大悟。这互相逗趣的爱自是为日子增添了不少色彩。

生活中难免有磨难，但冰心坚守的是“爱的哲学”，她强调

晚年冰心

有了健康的感情就能够经受身外的一切，即使是螺旋形的道路也是上升的，“爱在右，同情在左，走在生命路的两旁，随时撒种，随时开花，将这一路长途点缀得香花弥漫，使穿枝拂叶的行人，踏着荆棘不觉得痛苦，有泪可落也不是悲哀”。

亲爱的朋友们，生活中有许多事情是我们不能选择或无力改变的，但上帝关上一扇门，也会为你打开一扇窗，用平和的心对待生活，用充满爱的眼睛发现生活中的美，你的人生一定很精彩。

林巧稚：妙手仁心

炎热的下午，一场英语考试正在进行。窗外是不绝于耳的蝉鸣声，屋内是奋笔疾书的应考者。突然，一位考生跌落到地上，昏厥了过去，考场上一阵骚动。主考老师三步两步走到摔倒的女孩身边，焦急地询问情况。这时正在考试的另一名女学生放下握在手中的笔，跑过来帮忙，看着中暑倒地的女孩，二话没说背起她就冲出了考场。

这是北京协和医学院招生考试中发生的一幕，放弃答题、救助中暑同学的女学生名叫林巧稚。当她再次回到考场时，考试已经结束了，最擅长的英语未能答完，女孩心中有些遗憾，也对这次考试失去了信心。然而不久，料定自己名落孙山的林巧稚居然收到了医学院的录取通知书，原来是监考老师专门向学校报告了她救人一事，校方综合了林巧稚各科成绩，决定破格录取她。喜出望外的林巧稚专程去向老师道谢，老师告诉她："能在危急的时刻向病人伸出援助之手，你就具备了做一名优秀医生的潜质。"

1921 年，这个心怀救死扶伤之念的善良女孩走进北京协和医学院，八年苦读，林巧稚始终未曾忘却当初的理想。1929 年夏天，她接过医学博士的学位，更是凭借优异的成绩获得了当年的协和医学院毕业生最高荣誉——文海奖，并且被留在北京协和医院，成为第一位毕业留院的中国医生。

抗日战争全面爆发，祖国大地难有安宁，日本占领了协和医院，医生们被遣散。林巧稚就在胡同口挂出牌子继续行医救人，在那段艰苦的岁月里，林巧稚用她灵巧的双手接生了很多贫苦人家的孩子，这些幼小的生命都是中华民族延续下去的希望。

林巧稚

妙手仁心，和医术一样重要的是一颗关爱病人的心。林巧稚后来成为有“东方圣母”之称的著名妇产科医生，以高超的医术和高尚的医德流芳后世。在留下来的照片中，她满头银发，清瘦的脸颊上始终是那一双弯弯的笑眼，让人看了就觉得满心温暖。曾经，林巧稚给一批医学院的学生布置了一项观察记录分娩过程的作业，唯有一份得到了优秀，大家打开那个同学的作业，发现上面有这样一句话：“产妇的额头上沁出了豆粒大的汗珠。”在林巧稚看来，就是这样一句没有任何医学含量的话却充满了人情味，只有能用心体察病人痛楚的医生，才能真正履行好救死扶伤的职责。

作为妇产科的主任医师，林巧稚立下过一条不成文的规矩，那就是刚进妇产科的新医生，都必须先接生一百个婴儿，并且做下详细的记录，这就像是入门基本功一样，过了这一关，才允许医生去做别的工作。对于这一条规矩，林巧稚是这样解释的，中国人说“本固枝荣”，只有树木的根基稳定了，基本功打扎实了，大树才能枝繁叶茂，无论做什么工作，这都是颠扑不破的道理。

林巧稚的双手一共迎接过五万多个小生命来到世间，她最爱听孩子降生时嘹亮的哭声，因为那是生命之歌。不少孩子被她从死神手中夺回来，父母们感念她的妙手仁心，为孩子取了念林、爱林、敬林的名字。为了事业，林巧稚一生未婚，自然也没有亲生的孩子，但是她用最圣洁的爱对待所有从她手中诞生的小天使，每一个她接生的孩子都会有一张签着英文的卡片，上面写着“林巧稚的孩子”——这个未曾做过母亲的母亲拥有最多的子女。

林徽因：四月归燕

我喜欢从名字开始想象一个人，当然这并不是个科学的法子，出现偏差也不足为奇，但我一直乐此不疲。林徽因这个名字给我的初印象是读起来有种音律美，再者就是神秘感，大概是缘于那个“因”字让我在朦胧中联想到佛家所讲的因果。不记得最早听闻这个名字是什么时候，但是脑海中对此人有个相对清晰的直观印象，应该是出自一部叫做《人间四月天》的电视剧中周迅的扮相。

林徽因

人们常说，第一印象极为重要，因为先入为主的力量是巨大的，在很长一段时间里，我就把周迅当成了林徽因。直到后来上大学，有了更多自由支配的时间，接触了更多与林徽因相关的照片和文字，才发觉周迅的面貌和气质其实和林徽因有着很大的差别。最大的差异在于眼睛，周迅的眼睛里闪烁着古灵精怪，而林徽因的眼睛里写满了一种叫做暖的东西。

中国有句古话叫做相由心生，意思是一个人的相貌气质和他的内心世界有着千丝万缕的联系。林徽因眼里散出的暖，大概也与她的心是相通的，一个心中永远写满“清风在小径逶迤，燕子在梁间呢喃，还有一树一树的花开”的人，无疑就是充满爱、暖和希望的“人间四月天”。

林徽因的父亲林长民毕业于日本早稻田大学，曾经担任过国务院参议、司法总长。出身官宦人家，为林徽因早期的学习和性格形成提供了一个较为优越的物质基础，清纯的气质和聪慧的性格使她成为父亲最为珍爱的孩子，以至游历欧洲时也只带了她一人随行。这一番游览开启了林徽因新的人生篇章，那个清纯的、不谙世事的女孩逐渐开阔了眼界，变得更加有理想、有追求，她的梦里有了“建筑”的影子。

有了梦想就去追，林徽因决定和未婚夫梁思成一起去美国学习建筑。然而，令人始料不及的是当时的建筑学专业拒绝接收女学生。这并没有拦住她的决心，柔美的外表下，林徽因却有着一股韧劲，她就读了较为接近的美术系，并且选修建筑系的课程。在如期获得美术学士学位后，她竟然受聘担任建筑设计教师助理。

满心的暖和希望不仅带给了她梦寐以求的学位，在人生中最困难的时期，还成为她生活的原动力。很多人疑惑，抗战的艰苦岁月里，养尊处优的娇小姐怎样在陌生困乏的小村庄里度过5年的时光，甚至衣着简陋地提着空壶去集市上打油买醋。我想还是因为心中那抹暖，所以日子都是充满希望的。有一次，家里确实到了山穷水尽的地步，先生梁思成只得将自己极为珍视的派克金笔和手表送去当铺，换回两条草鱼，即便如此，夫妻俩还是能开出“把这派克笔清炖了吧，这块金表拿来红烧”的玩笑。

林徽因和梁思成

林徽因的传奇其实可以从另一个角度去解读，那就是她身边的男士，这其中有重要的三个人，一个是著名诗人徐志摩，这位浪漫多情的才子不惜与结发妻子离婚也要追求林徽因；一个是清华大学哲学系的创始人金岳霖，同样游学西方才华横溢的他为了林徽因终身未娶；另一个是林徽因的先生，梁启超的儿子，著名建筑学家梁思成。一位女士的优秀与否，从追求她的男士修养几何、水平高低就可以作出基本的判断。

很多时候，她都因林间清泉般的气质和柔美自然的文笔被人提及，但作为中国第一位女建筑学家，林徽因出色的专业能力和至高的专业理念更令人为之动容。那个和丈夫一起风餐露宿、实地考察的她，那个长卧病榻仍然笔耕不辍的她，那个拒绝国外邀请死也要守着祖国的她，那个对着被拆除的北京城古城墙抚砖痛哭的她，那个呕心沥血设计国徽和人民英雄纪念碑的她，那个为挽救传统工艺景泰蓝孜孜不倦的她，幻化成春天最美丽的燕，将剪影永远留在明朗的四月里。

赵一曼：红枪白马

宁儿：

母亲对于你没有能尽到教育的责任，实在是遗憾的事情。

母亲因为坚决地做了反满抗日的斗争，今天已经到了牺牲的前夕了！

母亲和你在生前是永久没有再见的机会了！希望你，宁儿啊，赶快成人，来安慰你地下的母亲！我最亲爱的孩子啊！母亲不用千言万语来教育你，就用实际行动来教育你。在你长大成人之后，希望不要忘记你的母亲是为国而牺牲的。

一九三六年八月二日
你的母亲赵一曼于车中

一位青年人读罢此信，泣不成声，久久不能平静。时间是1956年，距离母亲在赶赴刑场的囚车里写下这封绝笔信已过去20年的光阴。信中所喊的宁儿早已长大成人，这是他第一次来到母亲的殉难处，真真切切地看到母亲赵一曼亲手写给他的遗书。

“九一八”事变后，日本人的铁蹄更加肆无忌惮地在东北的土地上践踏，他们扶持伪满洲国傀儡政权，进行残酷的掠夺和血腥的屠杀，妄图将中华民族逼上亡国灭种的绝路。在这危急的时刻，很多抗日英雄活跃在这片黑土地上，赵一曼就是其中之一，她曾经写下《滨江述怀》：“誓志为人不为家，跨江渡海走天涯。男儿若是全都好，女子缘何分外差？未惜头颅新故国，甘将热血沃中华。白山黑水除敌寇，笑看旌旗红似花。”

受中共中央的委派，赵一曼到东北领导抗日武装斗争，她英勇无畏，让敌人闻风丧胆。当时日伪的报纸上还曾经刊登过题为《共匪女头领赵一曼，红枪白马猖獗于哈东地区》的报道，尽管有不少污蔑诽谤之词，却也可以看出敌人对赵一曼的畏惧。

赵一曼

在一次与敌人的激战中，赵一曼为了掩护部队突围，不幸被子弹打穿大腿，身负重伤却依然坚持战斗，直到弹尽粮绝被敌人俘虏。日本特务头目大野泰治连夜对她进行审讯，甚至用马鞭抽打她的伤口，但一无所获。

后来，敌人从一系列情报推断出这名女俘虏就是他们苦苦找寻的“红枪白马”，看着被折磨得奄奄一息的赵一曼，敌人决定不能让她就这样死去，一定要从她口中挖出有用的信息，于是把她送到了哈尔滨的医院。在医院期间，赵一曼始终不吐一字，专门负责看守她的伪满警士和女护士都被她坚强不屈的精神感动了，也深受她的爱国热情影响，决定一起参加抗日活动。一个深夜，他们协助赵一曼偷偷逃出了敌人的控制，准备一起奔向抗日联军，遗憾的是在距离抗日游击队仅仅10公里的地方，他们再次被敌人抓住了。

这一次，丧心病狂的敌人用尽了一切非人的手段，企图获知有价值的情报，然而赵一曼以极其坚定的革命意志，咬紧牙关。在后来一份敌人《关于审讯赵一曼女士效果的报告》中有这样一段描述：“在长时间经受高强度电刑的状态下，赵一曼女士仍没招供，确属罕见，已不能从医学生理上解释。”是的，支撑她的自然不是娇弱的女儿身躯，激昂的抗日热情和对中华民族深切的爱才是对抗严刑拷打的不败武器。

赵一曼与幼子

拖着伤痕累累的身躯，赵一曼坐在走向刑场的囚车上，她是一个母亲，在生命的最后时刻，她挂念着那个幼小的孩子，那个出生在半间小房，跟着她颠沛流离的孩子，那个为了抗日不得不寄养他家的孩子，于是她向押解的士兵要来了纸笔，为儿子留下开篇的那一段绝笔。赵一曼留下的唯一一张照片是与儿子的合影，坐在藤椅上的她端庄秀丽，怀抱着天真无邪的孩子。不能看着儿子长大成人也许是母亲最大的遗憾，但这位伟大的母亲用行动留给了儿子最宝贵的财富。

张家四姐妹：名门闺秀

叶圣陶曾经说过这样一句话："谁娶了九如巷的姑娘，谁就会幸福一辈子的。"

这九如巷的姑娘就是特指居住在苏州九如巷的张家四姐妹，有人称她们是 20 世纪中国最后的名门闺秀。既然是名门闺秀，首先必定是出身显赫门第，四位姐妹的曾祖是晚清淮军名将张树声，担任过两广总督，她们的父亲张武龄倡导新式教育，曾经创办苏州乐益女校。张武龄思想非常开明，这从他对四姐妹婚事的态度就可见一斑。父亲鼓励她们自由恋爱，从不过多干涉，更不会拿门当户对的老一套约束女儿们。也许正是这传统旧式家族的文化积淀熏陶，加上新潮的自由氛围，成就了中国文化史上四个熠熠生辉的倩影。

张家四姐妹

张武龄在给女儿们取名字的时候，也带着美好的寄托，希望她们成为独立自由的新女性能够行走四方，张元和、张允和、张兆和、张充和，名字里面都带着两条腿儿。而这四个美丽端庄又多才多艺的女儿，也确实成了民国四道亮丽的风景线。

张元和与顾传玠

大姐元和是家里诞生的第一个孩子，作为张家的大小姐享受着最多的关爱与呵护。可能是家人的热切关注给这个小女孩带来了极高的表现欲，她喜欢登台表演，尤其喜爱昆曲，有的时候还和姐妹们分角色扮上演唱一段，家中似乎从不缺乏丝竹声。也许的确是与昆曲有缘，以戏为娱，又以戏为媒，大姐张元和后来正是和当时红极一时的昆曲名角顾传玠喜结良缘。据说顾传玠非常擅长扮演命运悲惨的帝王，而且表演起来极为投入，能感其所感，伤其所伤，有次唱完一段凄苦的台词后，他竟吐出一口鲜血来。一个是大家闺秀，一个是名伶戏子，似乎不是世人眼里般配的组合，但元和却是一见倾心，婚后二人琴瑟和弦，伴着笛声唱昆曲。

二姐允和是个直爽甚至有些泼辣的女子，这是大家闺秀里难得一见的性情。允和年轻时的照片很多都戴着一副黑边圆框眼镜，秀美的脸透着书卷气，就读上海的中国公学时她还担任过女同学会的主席。而允和与著名语言学家周有光的一生相伴也成为大家眼中的爱情典范，后来在一篇带有回忆性的散文里，允和回忆道，“‘后花园私定终身，落难公子中状元’的戏，深刻印在我小小的脑子里，和我长大了选择丈夫要一个知识分子有关”。多可爱的小姑娘，冥冥之中似有天意。在青涩年华里，周有光写给张允和的情书里还透着淡淡的忧愁：“我很穷，怕不能给你幸福。”张允和的回复长达10页纸，意思也很明确，那就是幸福是要自己去创造的。正是这份坚决，让养尊处优的允和二小姐在后来的日子里，即使辗转奔波，承受打击，仍然保有心底那份相依相守，一直到老，两人恩爱如初，这大概就是最浪漫的事了。

张允和与周有光

张兆和与沈从文

张充和

在中国公学读书时的三姐张兆和可是个知名度颇高的人物，肤色略黑，健康美丽的她曾经夺得校运动会女子全能第一名，大概就是我们今天所说的校花吧，身后不乏追求者。这个有些调皮的小姑娘把他们都编上号：“青蛙一号”“青蛙二号”“青蛙三号”，这中间有一只青蛙可是个在文学界享有盛誉的人，他就是沈从文，当时还在教授她们课程。一开始张兆和可对沈老师避之不及，她甚至找到校长胡适想解决此事，哪知道胡适有心撮合，他强调“我知道沈从文顽固地爱你！”张兆和竟也毫不示弱地说：“我顽固地不爱他！”在几百封情书的强大攻势下，兆和也渐渐地芳心暗许了，但总要向父母汇报一下吧，沈从文焦急地等待回复，还是聪明的二姐允和先发了电报给他报告好消息，电报的内容语带双关是一个“允”字，既表示父母已同意，又是自己的名字，于是，乡下人沈从文一块石头落了地，喝了一杯甜酒。

最小的妹妹充和 11 个月大就被叔祖母带回合肥抚养，成长环境和姐姐们稍有不同，这大概也是她性格淡然、不喜欢热闹、与世无争的重要原因。虽然安静超脱，但充和是被公认最有才华的一位，叔祖母对她的教育很是上心，除了言传身教以外还花重金聘请老师悉心栽培。当年考北大的时候，充和考了个悲喜两重天，数学毫无悬念地考了零分，语文又果断地得了满分，最终，充和由于优异的文学才华被破格录取。聪慧大方而又谦虚好学的充和得到了很多知名人士的高度评价，章士钊曾把她誉为才女蔡文姬，戏剧家焦菊隐称她是当代李清照。这么一位才貌双全的奇女子自是众多青年的梦中情人，那个写过“明月装饰了你的窗子，你装饰了别人的梦”的著名诗人卞之琳就是用情极深的一位，无奈我们的充和姑娘对他不感冒。后来，充和与德裔美籍的汉学家傅汉思结婚，并远走海外，教授昆曲和书法，将中国传统文化的种子撒播异国，也许这就是她所追求的田园牧歌式的生活。

张家兄弟姐妹

时代在变化，可能再也没有那样的深宅大院，那样的书香门第，熏陶出那样的大家闺秀。她们的一颦一笑，她们的才华横溢流转成岁月的底片，定格在那段精彩的历史中，闪耀着最美的光芒。

阮玲玉：银屏舞者

在一节大学选修课上，老师播放了中央电视台的舞蹈大赛，一段精彩绝伦的国标舞让人印象深刻。第一时间触动我的倒还不是曼妙的舞姿，恰是那段老唱片中传出的背景音乐，细声细气的女音穿透岁月的沧桑，伴着老唱机的吱吱呀呀，直抵人心灵深处最柔软的角落，把记忆带回旧上海潮湿的夜里。

后来我一直苦找这首音乐的来源，偶然的机会，再次听到，依然是那么凄婉动人，“蝴蝶儿飞去，心亦不在，凄清长夜谁来，拭泪满腮，是贪点儿依赖，贪一点儿爱，旧缘该了难了，换满心哀……”这才知道这首名为《葬心》的歌曲正是为电影《阮玲玉》量身打造的主题曲，顿时觉得那份哀愁极为贴切，不禁要拍手叫好。

阮玲玉

16岁时，为了养活母亲养活自己，阮玲玉循着报纸上一张招聘启事，来到明星公司参加电影《挂名夫妻》女主角的应试。深邃灵动的眸子，瘦削娇弱的香肩，让人心生怜惜，更为难得的是这女孩周身上下氤氲开的淡淡的忧伤，让人想起雨巷里结着愁怨的丁香般的姑娘。导演卜万苍几乎不假思索地当即拍板，就是她了，他甚至有些兴奋地对工作人员说："你们看，她像永远抒发不尽的悲伤，惹人怜爱，一定是个有希望的悲剧演员。"

导演的预言没有落空，这个周身散发着悲伤的女子很快成了票房爆满的代名词。由于她对角色个性的理解力极强，善于把握角色的心理特征，又能用最具感染力的表演诠释出来，成为镜头重拍次数最少的女演员，导演们都乐于和她合作，还送了她"感光最快的胶片"之美誉。

《故都春梦》、《野草闲花》、《人生》、《香雪海》、《神女》这些对今天的观众来说略显陌生的名字，曾经在中国电影历史上大放异彩，而阮玲玉在其中塑造了多种多样的女性形象，工人、教员、舞女、母亲……朴实无华的演技和散发着忧伤的气质让观众们牢牢记住了她，似乎电影有了阮玲玉就有了票房保证。

拍摄电影《新女性》的时候，有一场女主角被残酷的现实逼迫自杀的戏，阮玲玉在拍之前，默默地静坐了一会，然后走到摄像机前，一片一片吞下安眠药，眼神里闪烁着对死的漠然，又似乎饱含对生的渴望。拍摄结束，所有的工作人员都潸然泪下，而

阮玲玉更是悲伤得不能自已，痛哭失声。

也许印证了那句“人生如戏，戏如人生”，内心挣扎、情感受挫的阮玲玉在 25 岁生日前夕用完全相同的方式结束了自己灿

烂的生命。那一刻她是不是也有须臾对生的留恋我们不得而知，正像那首电影主题曲《葬心》里唱的，“是贪点儿依赖，贪一点儿爱”，这位美丽的银屏舞者也渴望得到一点可以依托的爱，却

未能如愿，当时的她经历了前夫的诬告和情人的喜新厌旧，万念俱灰，一生中演得最多的就是悲剧，到头来自己也未能幸免。

但是她得到了广大电影观众无限的热爱与怀念，大殓那一天，由黎民伟、蔡楚生等 12 位电影界的著名人士为这个美丽的女子抬灵柩。阮玲玉的灵柩从万国殡仪馆运往墓地，送葬的队伍很长，很长，灵车所到之处，夹道致哀送行者多达 30 万人。《纽约时报》驻沪记者也被这盛大的场景震撼了，将它形容为“世界最伟大的哀礼”。

这位红极一时的电影明星以一场极其华丽的葬礼为自己短暂却辉煌的艺术生命画上了句号，林花谢了春红，太匆匆。

杨绛：人淡如菊

杨绛女士出生于1911年7月17日，在那个年代使用公历纪年的方式计算生日可不多见，由于父亲是个有着维新思想的律师，他认为阴历是清朝的旧历，要给女儿用新式记法，这才留下了这个阳历的生日。要按咱们今天的星座论，杨绛女士可是典型的巨蟹座。

也许是巨蟹座女子骨子里就有着一股朴素内敛和温情脉脉，杨绛的身上自始至终散发着一种淡雅的高贵，就像是斜插在透明玻璃杯里的一枝秋菊，飘着暖暖的清香，不张扬也不卑微。

杨 绛

钱钟书先生评价杨绛是："最美的妻，最才的女"。曾经在清华园的荷塘月色里，这位翩翩少年与杨家小姐一起遨游在文学的世界里，吟来宋词唐诗，只觉口齿生香。杨绛的母亲还打趣说："阿季（杨绛的乳名）的脚下拴着月下老人的红丝呢，所以心心念念只想考清华。"出身名门的才子和书香门第的闺秀就这样被文学的红线一起牵引到清华，又打了一个同心结。

杨绛与钱钟书

与钱钟书一起游学的日子应该是杨绛一生中最快乐的时光，在牛津大学城堡一样古老而恢弘的图书馆里，杨绛像极了欢快的小鱼畅游在书籍的海洋，她比照着文学史自己拟定了一个书单，一本一本认真地读，如饥似渴地汲取着文学的养分。在这里杨绛生下了女儿，他们宠爱地叫她“圆圆头”，像每一个新生儿母亲一样，杨绛学着给圆圆头洗澡、穿衣服，很快就熟练起来了，幸福的小家满是浓浓的爱。

都说充满母性的女人是最美的，因为她让人觉得温暖，其实还有一种美，来自尊严和信仰。在新中国成立前夕那个混乱时期，很多机会在向这一对才华横溢的夫妻招手，台湾大学发来邀请、香港大学许以教职，甚至牛津大学的汉学家也来信希望他们能赶赴英国。钱钟书和杨绛没有走，他们选择留在大陆。我有时候在想，如果他们预先知道后来经历的重重磨难，会不会作出不一样的决定。不久前，看了《文汇报·笔会》对百岁老人杨绛的专访，我明白了，即使让他们再选一次，也不会有改变。杨绛在专访中说："我的'向上之气'来自信仰，对文化的信仰，对人性的信赖。总之，有信念，就像老百姓说的——有念想。"

就是这股向上的信仰，让这个看似柔弱的娇小女子显得越发坚韧。在特殊的历史时期，面对凭空捏造的指责和控诉，她第二天仍然能够打扮得喜盈盈，挽着菜篮子去人声鼎沸的菜市场"招摇"。甚至"文革"期间，杨绛被剃去了头发的时候，她也没有低下高贵的头颅，让她去打扫厕所，她就戴着自制的假发把厕所打扫得焕然一新。极端艰苦的条件下，她自学西班牙语，竭尽全力将《堂吉诃德》的翻译稿保存下来，被公认为是最佳中文译本，迄今已经累计发行 70 万册。西班牙国王访问中国时，邓小平就将这本杨绛翻译的《堂吉诃德》作为国礼送给了他。杨绛说："我绝对不相信，我们传承几千年的宝贵文化会被暴力全部毁于一旦，我们这个曾创造如此灿烂文化的优秀民族，会泯灭人性，就此沉沦。"

琴瑟相谐

三口之家

如今，送走了爱女圆圆头，又送走了相濡以沫的老伴钱钟书，杨绛独自住在那栋不曾装修过的房子，周围的几百户人家，唯有她的阳台没有封闭起来，她说，这样坐在屋里也可以看到蓝天。杨绛曾经译过一首英国诗人兰德的诗："我和谁都不争，和谁争我都不屑，我爱大自然，其次就是艺术；我双手烤着生命之火取暖，火萎了，我也准备走了。"现在，这位百岁老人仍然保持着那份内心的素净和安宁，恰是人淡如菊。

吴健雄：傲立群雄

这是1936年的一个傍晚，“胡佛总统号”轮船在太平洋上航行，天边橘黄色的晚霞为轮船笼上了一层金纱。甲板上站着一位身着高领旗袍的端庄女子，海风吹动她的发丝，她望着前方海天交接的地平线，眼睛里满是憧憬和期待。这位美丽的中国女子就是后来在世界物理界享誉盛名的吴健雄，她的此次出行与当时众多出国留洋的女子不同，不是追随依附于丈夫，而是为了自己的自然科学梦想。

吴健雄

吴健雄的父亲是一个思想开明的人，他宠爱地为女儿取了个甜美的小名——薇薇，但在教育上并没有因她是个女孩而刻意地区别对待。吴健雄在上学期间发生了不少趣事，当时胡适在中国公学讲授《清朝三百年思想史》，有一次他在办公室里批改试卷，突然批到一张让他拍案叫绝的答卷，他兴奋地对同事杨鸿烈和马君武说：“我从来没有看到一个学生，对清朝三百年思想史阐述得这么透彻，一百分，绝对的一百分!”教历史和社会学课程的这两位老师不约而同地表示班上也有一名女学生总是得满分，三人各自写下学生的名字，拿出来一对，不禁笑了起来，原来都是“吴健雄”。

当然，这个冰雪聪明的女子最钟爱的还是自然科学，1936 年她踏上了远涉重洋异乡求学的梦想之路。在旧金山的伯克利大学，她参观了劳伦斯教授的放射实验室，并深深被核物理这个崭新的学科方向吸引。劳伦斯教授看着眼前这位美丽聪颖的东方女子，有些不解，为什么不去学习艺术、文学这样的专业，而偏偏要来和冷冰冰的实验设备打交道呢？但吴健雄就是对物理学科充满热爱，最后终于得以如愿，获得了伯克利大学的博士学位。

吴健雄与袁家骝

1945 年，美国在日本的广岛和长崎投下了两颗原子弹，促成了日本的投降和二战的胜利结束。原子弹的研制源于美国一项重要的科学计划——“曼哈顿计划”，这项计划集合了当时众多世界一流的科学精英，其中就有吴健雄，她是参与计划的唯一女性科学家。更为难得的是，作为一个没有美国国籍的外国人，她参加了美国最高机密的项目中最为关键的环节，有人给予了吴健雄“原子弹之母”的称号。

对于荣誉，吴健雄一向看得比较轻，然而对于实验，她从来就是一丝不苟，甚至是“斤斤计较”的。吴健雄的先生，同为著名物理学家的袁家骝教授在追忆爱妻的时候讲到，科学界很多同事评判实验的结果时往往会说：“如果实验是吴健雄做的，结果应当是对的。”

1957 年的诺贝尔物理学奖授予了美籍华裔物理学家李政道和杨振宁，他们打破了长期以来在物理学界被推崇的权威定理，提出震惊世界的宇称不守恒定律，而用精确艰难的实验证明这一理论的正是吴健雄女士。20 世纪五六十年代正是粒子物理快速发展的时期，物理学家李政道和杨振宁在研究中发现，虽然宇称守恒定律在当时被认为是金科玉律，但粒子物理中还存在一些未解之谜不能用它来解释，例如就没有人证实过弱作用中宇称是否守恒，并由此大胆提出假说。假说提出后并没有人愿意用实验来证明它，吴健雄女士独具慧眼，她立即开始着手做相关实验，夜以继日的工作终于换来精确的结果，1957 年 1 月 9 日凌晨，振奋人心的检测数据最终为李政道和杨振宁的假说提供了强有力的支持。哥伦比亚大学为这项新发现史无前例地举行了记者会，《纽约时报》也在头版以《物理“定律”错了》为题报道了吴健雄的实验结果。

当年勇敢地登上轮船奔向科学殿堂的小丫头，打破了普林斯顿大学百年传统，成为首位获得荣誉博士的女性，又成为美国物理学会有史以来第一位女性会长，她用卓越的成就证明了男女之间的智慧是平等的。不少人称她是“中国的居里夫人”，但很多物理学界的研究者认为，吴健雄的贡献超过了居里夫人。为了纪念她的杰出贡献，南京紫金山天文台将一颗小行星命名为“吴健雄星”。

孙多慈：爱是慈悲

虽然同是女画家，但比起潘玉良，孙多慈的名字无疑是陌生的，在色彩斑斓的绘画世界里，孙多慈似乎并不是浓墨重彩的一笔，人们对她的关注往往源于她和著名画家徐悲鸿那一段慈悲之恋。

当孙多慈第一次来到徐悲鸿画室的时候，那个谦卑、惶恐的小姑娘自始至终没敢抬头看一眼，彼时的她还叫做孙韵君，后来是老师徐悲鸿为她改名“多慈”，看上去有些怯弱羞涩的她，就这样懵懵懂懂地成为了国立中央大学艺术专修科的旁听生。最早的一张徐悲鸿为孙多慈画的肖像应该就是她入学不久的样子，短头发，有点婴儿肥的圆脸，单眼皮，鼻梁不甚挺拔，并不见什么过人的姿色，但这看似朴实无华的背后蕴藏着巨大的艺术灵性。徐悲鸿在这幅肖像的右侧写下一小段话：“慈学画三月，智慧绝伦，敏妙之才，吾所罕见。”可见这位安徽少女绘画方面天资颇高，其后的一年，徐悲鸿悉心教导，视她为衣钵传人，而孙

孙多慈

多慈也确实进步飞速，不久以第一名的成绩考入中央大学艺术系。

孙多慈自画像

长期以来慈悲之恋的种种似乎湮没了孙多慈在绘画上的成就，她的绘画造诣并未被广泛关注和深度挖掘。其实早在孙多慈大学毕业的那一年，中央书局就为她出版了《孙多慈描集》，简约轻淡的炭笔素描充满生命力。徐悲鸿一向对孙多慈的素描赞赏

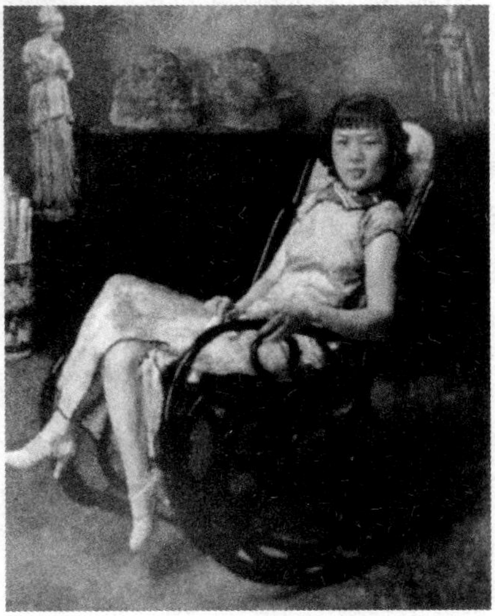

徐悲鸿为孙多慈画像

有加，入学考试时为她打了 95 分，为了不给别人留下徇私舞弊的口实，他特意将孙多慈的作品和分数一起公布在公告栏，是非好坏大家一目了然。当时著名诗人宗白华在中央大学教授美学，他为《孙多慈描集》写了序言，认为她好像天生和绘画有缘，世间万物她一经睹面，就能体会到精髓和情趣。

在第二次全国美术展览会上，孙多慈的油画《石子工》入选

赴展，徐悲鸿给予极高的评价，他认为这幅画明暗适合、结构和谐、轻重相称。在当时很少有人尝试描绘民间工人的生活，孙多慈拥有这样的洞察力和感悟力，又能通过画笔传递浓浓的感染力，实为不易。《石子工》后来被选入《第二次全国美展画选》出版，这是当时众多青年画家梦寐以求的荣誉。

孙多慈的一生都爱恋着自己的老师徐悲鸿。徐悲鸿曾经带着一班的学生出外写生，孙多慈在山间小路旁发现了一树红豆，她小心翼翼挑选了两颗最圆润的相思豆摘下，放到老师的掌心，满怀柔情。徐悲鸿珍藏着这爱的箴言，找到一家银楼打了一对戒指，将两颗红豆嵌入其中，一个刻着“慈”，一个镌着“悲”。徐悲鸿后来为孙多慈画过一张《睡猫图》，寥寥几笔勾出慵懒温顺的睡猫态，丢下画笔，他取出一方自己刻的印章，上面恰是“大慈大悲”四个字，据说这是徐悲鸿生平最爱的一方印。

晚年孙多慈

父母的压力和世俗的喧嚣最终迫使孙多慈放开手，她嫁与一名国民政府的官员，并随他去了台湾，但她始终未能放下心。在给徐悲鸿的信中，孙多慈写道：“我后悔当日因为父母的反对，没有勇气和你结婚，但我相信今生今世总会再看到我的悲鸿。”然而，她的余生再未与徐悲鸿相见。得知徐悲鸿离开人世的那一刻，孙多慈轰然倒下，清醒之后，她决定为昔日的恩师、曾经的恋人守孝三年，三年间，这个心中埋着深爱的女子，素服裹身，素食果腹，祭奠那段刻骨铭心的情缘。

大爱无涯，一生慈悲。

郑苹如：染血红梅

若不是张爱玲的一部小说，李安的一部电影，让《色·戒》一度成为关注的热点，也许郑苹如这个名字还会继续寂静无声地躺在历史的角落，作为小说和电影主人公王佳芝的原型，郑苹如很长一段时间都像被尘封的往事，没有得到应有的认可和荣誉。

在上个世纪 30 年代的上海，郑苹如是个著名的美女。当年，发行量巨大的综合性画报《良友》就曾在 1937 年 7 月刊上选用郑苹如的照片作为封面。身着做工精致的旗袍，郑苹如略略侧身，粉腮梨涡，回眸一笑百媚生，眉眼弯弯，红唇点点，一副名媛的动人姿态。

郑苹如

郑苹如的父亲郑钺早年留学日本，追随孙中山，当时担任检察官，母亲木村花子是日本人，非常喜爱中国，对中国革命也抱以同情。中日混血的郑苹如不仅娇媚俏丽，还能够说一口流利的日语，然而，她还有一个不为人知的特殊身份——中统情报人员。

凭借着得天独厚的优势，郑苹如出色地完成了许多重要情报收集工作，曾经她就通过种种迹象判断出汪精卫可能投靠日本，并想方设法将这一重要信息传递给中统局，可惜的是这一可靠情报在当时并未引起足够的重视，但由此郑苹如的工作能力得到了充分肯定。

1939年冬季的一个下午，在上海最高档的时装街旁，一辆黑色的小轿车靠边停下，一位举止优雅、风姿绰约的女子走下车来，她小鸟依人地挽着身边表情严肃的男士，兴高采烈地走进了著名的西比利亚皮货店。然而不久，那位警惕性极强的男子夺门而出，三步两步冲向停在路边的黑色防弹车，身手敏捷地爬上去关了车门，身后响起几声枪响，几乎是在他关门的一刹那，几颗子弹打在车门上，男子侥幸躲过一劫。

这个死里逃生的男子就是当时日伪汉奸集团中的核心成员丁默村，也是一个心狠手辣的特务头子，投靠日本人后公开鼓吹“与日军并肩作战”，大肆捕杀抗日爱国志士，并且对国民政府的情报系统造成致命打击，国民党当局对他恨之入骨，决定不惜一切代价铲除他。那个伴随他身边的俏丽女子正是中统人员郑苹如，为了抗日救国，她接受了中统的安排，凭借着过人的姿色走近目标，设法取得丁默村的信任，伺机下手。这一次的行动就是中统精心设计的暗杀，在皮货店外埋伏着暗杀人员，郑苹如以买皮衣为名，骗丁默村下车与她同行，然而丁默村太狡猾，极端警惕，暗杀行动功败垂成。

不久，这位美丽的女子被捕入狱，面对审讯，她没有吐露任何信息，坚称自己是为了报复丁默村的移情别恋，保护了其他中统人员的安全。也正是因为她的这份坚持，造成长久以来人们对她的误解，以为这纯粹是一个桃色新闻，忽略了故事背后许多不为人知的隐忍和付出。

行刑是在一个寒风萧瑟的日子，随着车子驶过繁华的街头，

越走越荒凉，郑苹如知道最后的时刻来临了，她对执行者说的唯一一句话是："请不要打坏我一向珍视的面容。"这个爱美的女孩坚持一份有尊严的死亡，三声枪响，香消玉殒。

据说，在郑苹如被捕后，日伪政权曾经以她的性命为筹码，想要挟她的父亲出任伪职，但郑先生拒绝为日本人服务，不愿意以此为条件保释女儿。女儿被枪决的消息传来，他悲痛欲绝，最终一病不起。

郑苹如以身报国的内幕很长一段时间不为人所知，自然也没有得到相应的正面评价，直到最终真相大白，大家才纷纷感念这个忍辱负重的年轻女子曾经执行过多么艰难的使命。据说，郑苹如生前很喜欢在梅花前拍照，美丽的容颜和灿烂的红梅相互映衬，是那么美好。最终，郑苹如自己化作一枝染血的红梅，美艳绝伦，芬芳怡人。

戴乃迭：英伦玫瑰

新年的热闹还没有散尽，在重庆的一家饭店里一场简单却特别的婚宴正在进行着。新娘子穿着做工考究的白丝绸旗袍，尽显纤细与娇美，旗袍上的龙凤刺绣栩栩如生，讨的是“龙凤呈祥”的彩头，与众不同的地方是新娘子那金灿灿的头发和湖蓝色的眼睛，她是一位异国姑娘，中文名字叫戴乃迭。

戴乃迭与杨宪益

这是一段艰难的结合，千山万水的距离阻隔着异国的爱恋，更大的障碍是文化的差异和父母的反对。杨宪益的母亲听说儿子要带回来一个洋媳妇，大病一场，在当时闭塞传统的中国，一时还无法接纳这种“先进”；戴乃迭的妈妈得知女儿要嫁到中国去，觉得天都要塌了，那样一片贫瘠落后的土地一定会让她心爱的玫瑰枯萎的。

这一对相识在牛津校园的异国恋人情深意浓，美丽的英国姑娘深深醉心于古老淳厚的中华文化。也许天生就与中国有着特殊的缘分，戴乃迭出生在北京一座玲珑精巧的四合院，父母是来华的英国传教士，童年的梦里兴许也飘着冰糖葫芦的甜香和胡同口响亮的叫卖吆喝声，几年后戴乃迭的母亲带着儿女们回了国，接受英国的教育。而戴乃迭心中始终有个魂牵梦绕的地方，后来干脆就改学了中文，成为牛津大学攻读中文学位的第一人，满心的热爱让她义无反顾地追随恋人杨宪益漂洋过海，来到当时还处在战火纷飞中的中国。中国的状况实在不好，甚至比她想象的还要差，戴乃迭同杨宪益一起辗转在各地的大学里教课，收入微薄，生活艰难，然而她对这个第二故乡的爱却依然是那样浓烈，她能写一手正楷小字，甚至学会了用文言文写小故事。朝鲜战争爆发后，为了给中国志愿军捐献一架飞机，戴乃迭拿出了自己所有的首饰。

再后来，这一对中西合璧的佳偶找到了共同的事业，如何将底蕴厚重的中华文化传播到世界？他们开始从事繁琐而又意义深远的翻译工作。从先秦散文到近代小说，从屈原到鲁迅，总是先由中文功底较好的杨宪益先翻译个初稿，然后戴乃迭再进行二次加工，遣词造句、仔细推敲。有的时候碰到古诗词的翻译，两个人还要在一起讨论很多次，力图找到一个最佳的表达。

《红楼梦》是我国古典小说难以逾越的高峰，但由于其中有很多中国传统文化的积淀，翻译起来困难重重，杨宪益和戴乃迭凭借惊人的毅力和良好的语言功底，完成了这个几乎不可能的任务。翻译过程中经历了很多磨难，甚至在“文革”期间二人被双双抓进监狱。整整 4 年的时光，戴乃迭和丈夫被分开关押，没有人同她讲话，她就自己吟诗，没有活动，她就用牙刷刷牢房的墙壁。凭着坚强的意志，这对患难夫妻熬过了生命的严冬，最终他们将曹雪芹笔下的林妹妹和宝哥哥推向了世界。

晚年的戴乃迭神志已不大清醒，伴有老年痴呆，杨宪益寸步不离地陪伴在她的身旁，离家的思念，丧子的悲痛，层层磨难在这位白发老人身上留下了许多不能言说的伤。

逆风飞扬

戴乃迭经常说，她有两个祖国，这朵英伦玫瑰绽放在华夏大地上，虽然经历过疾风骤雨，却依然美丽如初。杨宪益的妹妹在一篇怀念她的文章中说："我的文友，我的可敬可爱的嫂嫂，你离开这个喧嚣的世界安息了。你生前最常说的一句话是'谢谢'，甚至'文革'中关在监狱，每餐接过窝头菜汤，你也从不忘说'谢谢'。现在，我要替我的祖国说一句：对不起，谢谢！"

是的，谢谢你，美丽的英伦玫瑰！

张爱玲：月华水色

一位气质非凡的母亲带着10岁的女儿来到黄氏小学填写入学证，为了女儿的上学问题，她和丈夫大吵了一架，几乎是强制性地带着女儿离开了家。女孩的原名“张煐”发音不够响亮，她想着替女儿重取一个。或许是受制于心情，这位留过洋的新女性踌躇了一会，自言自语道：“暂且把英文名字胡乱译两个字罢”，ailing，意为烦恼，恰合了她当时的心境，不曾想这随性的表达竟成就了“张爱玲”这个响彻文坛的名字。

张爱玲

张爱玲的照片中极少留下笑容，哪怕是微微的一丝，这与她华丽而冷峻的文字“不谋而合”，文如其人，华丽来源于何方？

冷漠又何处丛生呢？

显赫的家族渊源，于她是幸也是不幸，张爱玲的祖父是清末著名的“清流派”代表张佩纶，祖母则是晚清重臣李鸿章的长女，高门望族，官宦世家。命运让张爱玲成为见证繁华逐渐流失的亲历者，家道中落的一幕幕叠印着时代、国家的宏大背景，所以我们不必诧异于她文字中那种奢华的精致，例如回忆中装在金耳小花瓷罐里的松子糖和照在旧梳妆台上的阳光，以及别在母亲绿短袄上的翡翠胸针；也无需猜测流淌在她笔端的那股冰冻的寒冷，“生命是一袭华美的袍，爬满了虱子”。

父亲是典型的晚清遗少，母亲却是追求理想的新女性，纷争吵闹让寻常人家的亲情温暖对于张爱玲成了奢望。也许是小小年纪就经受太多，她具有看穿世事的尖锐的洞察力，结合独特的文学才华，她创造了1940年代的文坛奇迹。《沉香屑》、《茉莉香片》、《心经》、《金锁记》、《红玫瑰与白玫瑰》，她的文字像一根根纤细的绣花针，精巧却又精准地扎在读者的心头，苍凉而深刻的人生感悟游走在其中。

与胡兰成的那一段倾城之恋几乎用尽了张爱玲全部的力气，高傲如她、冷艳如她，竟能在胡兰成的面前低到尘埃中去开出一朵谦卑的小花来。张爱玲有一篇极短小的散文，名为《爱》，写的是偶然相遇的两人仅有一句对话，却终其一生都难以忘却这一场景，全篇寥寥数百字，却留下一段让我们经久咀嚼的话，“于千万人之中遇见你所要遇见的，于千万年之中，时间的无涯的荒野中，没有早一步，也没有晚一步，刚巧赶上了，那也没有别的话可说，惟有轻轻地问一声：‘噢，你也在这里吗？’”胡兰成后来暗示，张爱玲这篇精致短文的写作，缘起于他向她讲述的关于一个姑母的故事，也许当时的张爱玲心中感念的也是这份同胡兰成于千万人之中相逢的情分。可惜张爱玲的这一段爱恋只有短短的三载春秋，那个写下“愿现世安稳，岁月静好”的男人，总是用移情别恋刺痛着她，张爱玲的生命中又一次经历繁华落尽，一片荒芜。

有人说：“只有张爱玲才可以同时承受灿烂夺目的喧闹与极度的孤寂。”我想有些事情也许是逼不得已的吧，到了那一步，人总是有自己也感到惊异的潜力去面对一切。这个曾经色彩斑斓的旷世才女，在远走异国异乡后，过着深入简出的淡然生活，留给世人的始终是那么一个孤傲冷寂的剪影。

一个落叶季节，她走到了生命的尽头，直到几天后才被人发现，也许凄凉，也许悲怆，张爱玲在生前很长一段时间过得十分拮据。虽然已过去了半个多世纪，今天，我们再次捧读她的作品，仍然能感受到让人折服的独特魅力。

严凤英：黄梅名伶

“树上的鸟儿成双对，绿水青山带笑颜。”黄梅戏《天仙配》的经典唱段已是家喻户晓，偶尔经过菜市场、巷子口，总能听到这质朴的唱词、明快的唱腔，或是个逗着小孙子的老奶奶，或是个挽着菜篮子的小妇人。

严凤英

如今的黄梅戏早已成了名副其实的安徽名片，跻身与京剧、越剧、评剧、豫剧齐名的中国五大剧种之一。然而，曾经的它只是个名不见经传的乡间小调，甚至被视为低俗的艳曲，在这由俗到雅的华丽转身间，我们不应忘却一个叫做严凤英的美丽女子。

安徽桐城一个风景秀丽的小镇上，有一年春天来了个戏班子，他们的招牌曲目叫做《二龙山》，讲的是山上的女寨主余素贞要下山寻夫，将帅印交给身边的小丫环的故事。整个小镇一传十十传百大家都来听戏，可慕名而来的众人慕的可不是主角余素贞的名，恰是那个机灵俏皮、扮相俊美的小丫环让人百看不厌。清脆圆润的嗓音，活泼可爱的动作，把一个装腔作势的小丫头演绎得入木三分，不少小伙子跑十几里路就是为了看一眼这个人见人爱的小女子。后来，班主索性就将这出戏改名为《丫环挂帅》了。这个长着一双灵动笑眼的小丫环就是一代名伶严凤英，那时的她正是“小荷才露尖尖角”。

最初的起步肯定算不上平坦，旧时代唱戏被视为最低贱的行当，清白人家的女儿是不会允许去抛头露面在台上唱戏的。严凤英从心底里喜欢着舞台，哪怕顶着被严氏族人抓起来沉塘的风险也要唱，但最终为宗祠所不容，只得漂泊在外。然而，这个坚强的小丫头却始终没有想过放弃黄梅戏。

严凤英剧照

1954 年 9 月的上海，夜晚有些微微的凉意，华东地区戏剧观摩演出在这里拉开了帷幕，许多全国著名的戏曲表演家们都来了。一场近三个小时的黄梅戏表演《天仙配》将秋凉如水的夜点燃了，扮演女主角七仙女的正是严凤英，她甜美的声音、优雅的姿态征服了所有的观众。演出结束后，全场掌声雷动，经久不息，演员们不得不多次谢幕。《天仙配》一举拿下演出一等奖、剧本一等奖、表演一等奖等六项大奖。一夜之间，严凤英的名字传遍全国，而通过她，黄梅戏的名字也在全国打响，一阵黄梅热潮随即兴起。

严凤英伉俪

不久，黄梅戏《天仙配》被搬上了银屏，拍成电影在全国放映的《天仙配》引起了轰动，创造了当时中国内地的一个票房最高纪录，甚至当时有痴迷的观众连看 18 场。黄梅戏真真正正地声誉鹊起了，著名的音乐家贺绿汀曾经这样评价严凤英的黄梅戏表演："从演出中，我们仿佛闻到农村中泥土的气味，闻到山花的芳香。"随后，黄梅戏电影《女驸马》、《牛郎织女》相继上映，和《天仙配》一起成为三座艺术的丰碑。

很多年后，当我们再次想起那个打猪草唱对花的小丫头、那个聪明勇敢的女驸马、那个美丽善良的七仙女，仍然感动于她的执著和付出。不少人在后来评价严凤英时都说她是为黄梅戏而生的，严凤英的出现，于黄梅戏而言，或是一大幸事，因为她成了戏的化身，带着黄梅戏走到了最光鲜的舞台中央；而严凤英遇到黄梅戏，未必不是她的幸运，她找到了最爱，也就找到了努力的方向，终其一生，与戏相连。

夏梦：千秋绮梦

第一次见到夏梦的照片是在一本杂志上，就那么匆匆一瞥，却让我不由得停下脚步仔细端详。照片上的夏梦颇有些俏皮的感觉，头上别着一顶小帽子，脸微微侧着，高挺的鼻子，甜蜜的笑容，眉目间的那股神奇让人想起《罗马假日》里活泼可爱的安妮公主，巧合的是，在老一辈影迷的心中，夏梦也恰恰是香港唯一可以与好莱坞巨星奥黛丽·赫本相媲美的女明星。

夏　梦

素有西施之美誉的夏梦被公认为是“上帝的杰作”，高挑的身姿和精致的五官让人过目难忘。一次偶然的机会，夏梦和同学一起去电影拍摄场地看热闹，导演不经意间看到了这个亭亭玉立的少女，很是惊喜，立刻向她走来。夏梦那时还叫杨濛，祖籍是美女如云操着吴侬软语的苏州，跟随父母移居香港后在玛利诺修女学院读书，也许她就是天生与银屏有缘，惊鸿一瞥、柔情似水，她就这样懵懵懂懂地走进了电影的世界。

关于她的艺名夏梦，据说是取自莎士比亚的著名剧作《仲夏夜之梦》，这个美丽如梦的女子进入银幕的第一个作品就轰动一时。她主演《禁婚记》里一位少妇，尚是少女年华，又没有受过专业的训练，却凭借着极高的悟性和出色的外形条件，获得观众们一致好评，从此在电影世界里如鱼得水。

在20世纪50至70年代的香港银幕上，夏梦就是一朵绚烂的夏花，作为长城影业公司的台柱，她被誉为“长城三公主”之首。从初涉影坛的《禁婚记》到收官之作《迎春花》，夏梦留给观众的是一个惊喜的开始和一个意犹未尽的结局，这位香港有史以来最漂亮的女演员在事业的高峰期选择了急流勇退。除了精湛的演技和出众的容颜，夏梦最令人称道的还有那份洁身自好。她曾经给自己约法三章：不为人剪彩、不应邀吃饭、不拍内容不健康的戏。从影17年，夏梦没有任何绯闻，这位美丽的女子就像是夏夜里一个薄如蝉翼的梦，挂着晶莹的露珠，未曾沾染一丝喧嚣和纷争。

息影后的夏梦仍然没有忘却她深爱的电影艺术，苦心经营制衣厂多年，夏梦卖掉了产业，凭借着自己手上的积蓄，组建了青鸟电影制片公司，影视梦想以另一种方式生根发芽，这位曾经出色的演员展示出她同样出色的监制才能。夏梦独具慧眼地选中了青鸟影视的开山之作——《投奔怒海》，久经打磨，取得极大成功，一举拿下第二届香港电影金像奖多项大奖，夏梦第一次投资出品的电影和她第一次出演的角色一样，轰动一时。

武侠小说大家金庸一度苦恋夏梦，他曾经说："西施怎样美丽，谁也没见过，我想她应该像夏梦才名不虚传。"为了和夏梦靠得近一点，他接手了长城影业公司的编剧工作，并特意为夏梦写了《绝代佳人》，这也是他们二人合作的第一部电影作品，上映后反响热烈，被人们称为"最昂贵的情书"。一直到后来金庸离开公司，创办《明报》，依然未曾忘却夏梦，他在《明报》上开辟专栏——夏梦游记，记录夏梦出国旅游的点点滴滴，在夏梦宣布息影后还为她写过长篇的社论。然而，相逢已是他人妇，夏梦和金庸相识时已经结婚，这个外貌美丽绝伦的女子有一颗同样美丽透明的心，对爱情忠贞不渝的她始终保持着对他的钦佩和赞赏，却也保持着适当的距离。

顾圣婴：钢琴天使

去年夏天回家住了一个多星期，每天下午四点，楼下都会准时响起钢琴声。听我母亲说，那是一个四五岁的女孩儿在上钢琴课。大约是刚刚开始学琴，练习的还只是简单的指法，不甚连贯还常常出错。时隔数月再次回家，坐在阳台上喝茶的空闲里又听到了似如约而至的琴声，竟已经是完整的旋律了，我听出是那首著名的《致爱丽丝》。

钢琴，大概是很多女孩心里都驻着的一个美丽的梦，幻想有一天能优雅地在舞台上尽情挥洒音符，抑或只是在秋雨绵绵的黄昏让肖邦的旋律静静流淌于指尖。曾经有一个女孩离这个梦很近很近，尽管她只走过了30岁的美丽年华。

顾圣婴

顾圣婴的名字对于大多数人而言是陌生的，这个略带宗教色彩的名字里包含着家人美好的祝愿，希望她是一个小天使，而她短暂的一生确也近乎完美地诠释了音乐天使的意义。

在一个春寒料峭的日子，上海艺术剧场座无虚席，顾圣婴身穿黑丝绒长裙走上舞台，这是母亲找出珍藏多年舍不得穿的布料给她做的演出服。早春的夜晚还有些许寒冷，顾圣婴却用她蕴藏在纤细身材下惊人的爆发力点燃了全场，正如后来匈牙利评论家所说，“她给贝多芬的乐曲注入了魅力和诗意，在听众面前表现了巴赫的严肃、舒曼的丰富以及德彪西的澄明和优美”。顾圣婴的第一次独奏音乐会取得了圆满的成功，那一年她尚不满 18 岁。

遗留下来的有限的照片中，顾圣婴始终是那样苍白纤弱的形象，像墙角一枝挂着露珠的牵牛花，但那样细细的藤蔓里却有着一股执著追求的韧劲。曾经担任过顾圣婴指导老师的苏联专家克拉芙琴柯在初次见面时给她布置了艰巨的任务，要求她在两个星期内准备好贝多芬《第二钢琴协奏曲》和德彪西的《快乐岛》两份琴谱，这是相当严苛的标准。然而，第 8 天一早，这位倔强又刻苦的中国小姑娘就叩响了导师的房门，她超越了老师的要求，不仅完整地将两首作品演奏了下来，而且完全是背奏，并作了合乎曲意的感情处理。

浩瀚的音乐海洋中，顾圣婴对一位波兰的作曲家情有独钟，他就是音符中流淌着忧伤的钢琴诗人——肖邦，在波兰首都华沙举行的第六届肖邦钢琴比赛上，这位天才的中国少女一举征服了评委，人们称她为“天生的肖邦作品演奏家”。获奖后的顾圣婴在肖邦的故乡巡回演出，并收到了她一生中最为珍贵的礼物——肖邦的石膏手模。

1964 年，比利时的首都布鲁塞尔处处弥漫着音乐的芬芳，伊丽莎白王太后国际钢琴比赛正在举行。5 月 5 日晚，顾圣婴来到比赛厅，尽情宣泄着她的艺术梦想，动人的旋律在她的指尖环绕，时而舒缓，时而激扬。演奏完毕，全场肃然，空白的几秒钟后，剧场里竟然违禁地爆发出长时间的掌声和欢呼，以至于评委主席不得不一再动用铃声来制止这难以抑制的狂潮。王太后长时间拥抱着这个瘦弱的中国小姑娘，感谢她带给听众这样美妙的音乐，称呼她是真正的中国大使。音乐不同于语言，它没有国界，没有局限。从冰雪世界莫斯科到清澄明朗的日内瓦再到肖邦故乡波兰，中国女孩携着琴声环游世界，所到之处卷起一阵又一阵热情的旋风。

“文化大革命”中，这位美丽的音乐天使陨落了，敏感如她，圣洁如她，追求完美无瑕如她，自是难以忍受无端的责骂和侮辱。时至今日，世界上许多知名的钢琴家仍然记得这位天才的演奏者，提起她总是赞叹之中流露惋惜和遗憾，也许天国没有纷争，她可以继续弹奏她喜欢的钢琴，将音符洒满天际。

朱梅馥：芳馥如梅

朱梅馥的名字似乎不是那么响亮，而且她的出现总是伴着另一个身份——翻译家傅雷的妻子。就像人们常说的她就是光环背后的存在，也许她注定就是为爱而生，为傅雷而生。从留存的照片看，年轻时的朱梅馥略带青涩的脸上饱含着一种安详的味道，那双月牙弯的笑眼让人觉得温暖，而这抹温暖的神韵是岁月的磨砺打磨不掉的。熟识她的人都说她像菩萨，是专门来度傅雷的。

朱梅馥与傅雷

一直想找一个合适的词来形容朱梅馥，囊括她的隐忍、她的谦卑和她的包容，傅聪曾经用“浩荡”一词来解读母亲，我想也许她是最贴合于水的女子。水是一种寻常的物质，具有适应性、渗透性和包容性，而朱梅馥的一生都在诠释着最美的水性特征。

公正地说，傅雷的性格并不像他才华出众的作品那样让人喜欢，他的暴躁、他的咆哮都像火药桶一样极易被点燃，身为妻子的朱梅馥甚至挨过打。然而水一般的她随方就圆，总能设身处地地替丈夫着想，谅解他，心疼他。曾经写给儿子的信中，她这样诉说自己的心声："我对你爸爸性情脾气的委曲求全，逆来顺受，都是有原则的，因为我太了解他，他一贯秉性乖扈，疾恶如仇，是有根源的，当时你祖父受土豪劣绅的欺侮压迫，二十四岁就郁闷而死，寡母孤儿悲惨凄凉的生活，修道院式的童年，真是不堪回首。到成年后，孤军奋斗，爱真理，恨一切不合理的旧传统和杀人不见血的旧礼教，为人正直不苟，对事业忠心耿耿。我爱他，我原谅他。"

如果说这种换位思考是一种善解人意的柔情，那面对婚姻的挑战，朱梅馥表现出的包容和忍让就是一种真爱无疆的奉献。朱梅馥经历过任何女人都不愿经历的悲伤和心痛，那就是丈夫的别恋，彼时两个孩子尚幼，丈夫却全身心地投入到一场和学生的妹妹轰轰烈烈的热恋中。看着丈夫那束之高阁的翻译文章、日渐消瘦的身形和脸庞，朱梅馥让步了，她将"情敌"请到家中来，微笑待客，从容奉茶，让二人自由地交谈，甚至要学习接受这种有另一个她存在的生活，一切只因对他好。这含泪的微笑让人想到"零落成泥碾作尘，只有香如故"的梅花，真正名如其人。水可以包容一切的有形物质，甚至可以融合它们。朱梅馥的这种忍让包容和沉潜谦卑使得那位小姐无法面对她纯净的眼睛，于是远走香港，终身未嫁。直到很多很多年以后，朱梅馥的儿子傅敏在香港偶然邂逅这位满头银发的老太太，她仍然说："你的母亲太伟大了！"

除了身为一位贤惠的妻子，朱梅馥还扮演着一位细致认真的秘书角色。傅雷从事的翻译工作，大量的手稿凌乱繁杂，朱梅馥将它们一一整理编号，再用娟秀的笔迹誊抄下来，一切做得得心应手。

朱梅馥的爱太浓太深，浓到可以与心爱的人一同赴死，她曾

母与子

经对傅雷说：“为了不使你孤单，你走的时候，我也一定要跟去。”“文化大革命”时，退出纷扰、专心翻译事业的傅雷仍然未能躲过灾难，经受了暴风骤雨的朱梅馥与丈夫傅雷携手走向人生的终点。即便在最后的时刻，她仍然展现着温情的一面，因为担心悬梁时凳子跌落吵到楼下的邻居，朱梅馥细心地在下面垫了一层棉胎。

儿子傅聪曾经说过，“妈妈是家庭的‘神’，是温暖的来源，只要她在，就有融融和和的人情味”。就是这样一个为爱而生的女人，终其一生在书写着一篇爱的童话，虽然有隐忍、有无奈，但也许更多的是她的欣喜和满足，也许她是最幸福的。

张幼仪：坚韧如松

“轻轻的我走了，正如我轻轻的来，我轻轻的招手，作别西天的云彩。”浪漫的新月派诗人徐志摩，最终以飞机失事这种告别云端的惨烈方式结束了自己短暂的一生。除了才华横溢，诗人活色生香的情感世界似乎也是人们颇为津津乐道的，在风华绝代的林徽因和妩媚动人的陆小曼映衬下，作为原配的张幼仪总是轻描淡写的一笔，常被人忽略。

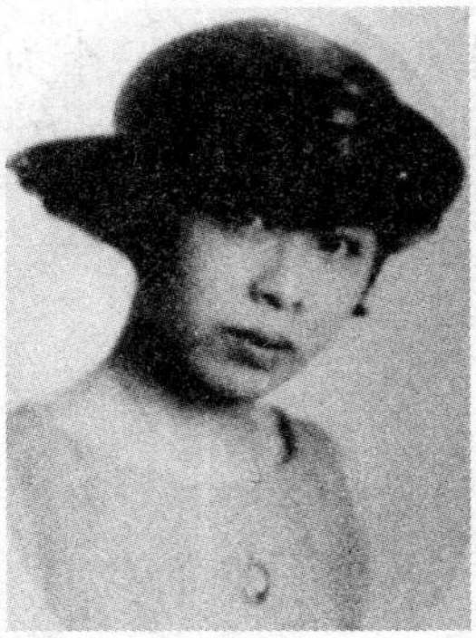

张幼仪

如果不是生在那个新旧交替的特殊历史阶段，如果不是嫁给了这样一位追求自由浪漫的著名诗人，张幼仪大概会像很多嫁入门当户对人家的少奶奶一样，度过相夫教子、衣食无忧、波澜不惊的一生。人生没有如果，15 岁的张幼仪身穿中西结合的礼服——绣着飞龙的婚纱嫁进徐家。她恪守着一切传统女性的规范和标准，赢得了徐家上下几乎所有人的认可和赞赏，唯独无法获得丈夫徐志摩的肯定。

张幼仪与徐志摩唯一的合影

张幼仪说："我一直把我这一生看成有两个阶段：'德国前'和'德国后'，去德国以前，我凡事都怕；去德国以后，我一无所惧。"

那个"凡事都怕"的张幼仪曾经小心翼翼地活在写满道德规则的小圈子里，克己本分似乎是徐家人对这个新媳妇的一致评价。据说张幼仪给婆婆做鞋子的时候，总是针脚细密，手工精巧，而给自己做鞋就马马虎虎，差不多能穿就行了。正是这种性情和善、举止端庄，使得徐家父母即便在张幼仪和徐志摩离婚后仍然执意留她做干女儿；可能也正是这种沉默顺从、讲究分寸，让对生活充满幻想的徐志摩从一开始就想要逃离。第一次见到张幼仪的相亲照时，他只是斜着眼睛轻瞥一眼，嘴里嘟哝着："乡下土包子。"

那个"一无所惧"的张幼仪经历过婚姻破裂和幼子夭折的双重打击后，没有表现出旧时被遗弃女子的一蹶不振，也许生活的剧变促成了她骨子里另一种性格的释放。张幼仪学习德语，并就读于裴斯塔洛齐学院专攻幼儿教育。学成归国后，接手在上海的女子商业储蓄银行，很快转亏为盈，成为中国女性主持银行第一人。不久她又兼营了中国第一家新式服装公司——云裳公司，张幼仪引入欧美的流行式样，制作精良考究的时装，当时上海的社交名媛都以着“云裳”为荣。再次出现在徐志摩面前的是脱胎换骨的张幼仪，她在商海独当一面、叱咤风云。

有人说，张幼仪是徐志摩的生命中最早的出局者和最后的赢家。林徽因曾在生命的最后时刻托人带信，想见张幼仪和儿子一面。陆小曼自始至终没能名正言顺进入徐家大门，得到徐家双亲的承认。最后的最后，是作为原配的张幼仪主持了亡夫徐志摩的葬礼，并策划将他的遗作整理结集出版。

张幼仪和徐志摩的离婚案在当时是轰动一时的大事件，他们是以“西方形式”离婚的第一对中国夫妻，为民国的离婚风潮开了先例。然而随着时光的流逝，这一段故事渐渐成为被尘封的过往，直到很多很多年以后，张家的一位后人，在哈佛大学读书时，偶然间发现待自己极为亲近的姑奶奶张幼仪竟然是大诗人徐志摩的原配妻子。于是，她断断续续地从和张幼仪的多年交流中收集材料，写成了《小脚与西服：张幼仪与徐志摩的家变》一书。张幼仪曾对这位侄孙女说：“你总是问我，我爱不爱徐志摩。你晓得，我没办法回答这问题。我对这问题很迷惑，因为每个人总是告诉我，我为徐志摩做了这么多事，我一定是爱他的。可是，我没办法说什么叫爱，我这辈子从没跟什么人说过‘我爱你’。如果照顾徐志摩和他家人叫做爱的话，那我大概爱他吧。在他一生当中遇到的几个女人里面，说不定我最爱他。”

林徽因是枫树，拥有霜叶红于二月花的耀眼光芒；陆小曼是柳树，拥有纤细柔美的缠绵悱恻；张幼仪是松树，在她的身上有传统中国女性的仁义贤良，也有新时代女性的坚强。她的一生，于人于己，问心无愧，在异国他乡像“秋天的扇子”被抛弃的时候，在繁华的上海滩经营事业风生水起的时候，她表现出的忍耐、坚韧和爆发力令所有人敬佩，“大雪压青松，青松挺且直”。